## 子どもを救う

# いじめが終わる方程式

品田 奈美

学事出版

# はじめに

最初にお断りしておきます。全国各地で一生懸命、いじめ防止に取り組んでいる関係者の方々は、本書を読んだら「一体、これは何なんだ！」と驚かれるかもしれません。理由は、本書がこれまでとは全く異なる「いじめ防止の新しいアプローチ」を取っているからです。

「いじめ防止対策推進法」の施行以来、全国の学校でいじめの防止に向けた取り組みが行われています。それなのに、いじめは一向になくなりません。理由は対応のアプローチが間違っているからです。そんな前提に立って、本書は書かれています。

私の長女は小学生の頃、いじめを受けていました。そのいじめは、私が「いじめが終わる方程式」を実践したことによって、見事なまでに解消したばかりか、長女自身がこの方程式を実践したことで、教室からいじめが消え去りました。

「いじめが終わる方程式」は、私が長年の苦悩を乗り越えた体験の中で、学びとともに行き着いたものです。私はこれまでの人生で2回の離婚と、3回の結婚を経験しました。いずれも同じ相手とです。子どもの頃には父親から虐待を受け、高校時代は教師から猛烈な体罰を受けて摂食障害になりました。結婚後は夫からDVを受け、私自身も子どもに虐待をするなど、幸福とは程遠い日々を送ってきました。そんな私が「いじめが終わる方程式」を知ったことで全てが変わり、長女のいじめが解消し、家族は再生されました。今は、かつての凄惨な日々が嘘みたいに、幸せな日々を送っています。

壮絶な人生の中で生み出した「いじめが終わる方程式」を、私はいつしか講演活動等で話すようになりました。すると、驚くほどに多くの関係者から反響がありました。現状のいじめ対策に、多くの人達が疑問符を抱いていたからだと思います。

批判を恐れずに言えば、現在国が進めているいじめ対策で、いじめはなくなりません。たとえ、表面的に消えたとしても、子ども達が抱える内面的な問題は、別の問題行動となって表れてくることでしょう。そんなことは、日々子ども達と向き合っている先生方も、経験則に感づいているはずです。感づいてはいるものの、法律や決まりに則って対応するしかない。それが、現場の本音ではないでしょうか。

「いじめが終わる方程式」は、子どもの内面に存在する自己否定の感情を消し去ることで、いじめをこの世からなくす、存在できなくすることを目的に、組み立てられています。こう書くと、やや難解に感じるかもしれませんが、実践するのは決して難しいことではありません。現に、私の講演を聞いた先生方、小中高校生の多くがこの方程式を理解し、実践することで、**自身の抱える問題を解消しています。**

本書のＰＡＲＴ１では、「いじめが終わる方程式」でもって、私の長女のいじめが消え去った経緯を、私自身の半生も振り返りながら紹介しています。続くＰＡＲＴ２では、方程式がどのような理論で構成されているのか、ＰＡＲＴ１のエピソードを基にしながら具体的に解説しています。また、ＰＡＲＴ３では私が実際に全国の学校などで実施してきた「いじめを終わらせる授業」の内容を「ライブ形式」で紹介しています。さらに、ＰＡＲＴ４では現状の学校教育における課題などを指摘し、ＰＡＲＴ５では、「いじめが終わる方程式」を実践した先生方の話を収録しています。

「いじめは普遍的なもの。社会が存在する限り、決して消えることはない」と言う人がいますが、私はそうは思いません。「いじめが終わる方程式」を通じ、**本来あるべき「あるがままの地球」の姿に戻したい。**それが私の願いです。いじめ問題に頭を悩ませている先生や保護者の方々だけでなく、全ての方々にぜひ本書を手に取って、実践してみていただきたいと思います。その結果として、世の中から一つでも多くのいじめが消えることを切に願っています。

# 目次

## PART2 「いじめ」が生まれるメカニズム

表紙イラスト／本文イラスト&漫画　コジマカオリ
装丁／本文デザイン　精文堂印刷（株）

PART 1

# 「いじめが終わる方程式」で笑顔を取り戻した長女

いじめの原理について詳しく解説する前に、このPARTでは、いじめを受けていた私の娘（長女）が「いじめが終わる方程式」を使って乗り越え、クラスの他のいじめまでをも消し去っていったエピソードを紹介します。

## ●「ママ！　私をゴミ屋さんに捨てちゃって」

私には4人の子がいます。一番上は男の子、下の3人は女の子です。これからお話しするのは、上から2番目の長女のお話です。

長女は保育園に通っていた頃から、周囲とうまくいかない状況がありました。たびたび他の子とトラブルを起こし、保育士さんとの関係性が悪くなることもありました。当時の私は「環境が悪いに違いない」と思い、そのたびに保育園を変えていましたが、2回、3回と転園を繰り返しても、状況は一向に良くなりませんでした。

長女は幼少の頃から空想の世界の中で過ごすことが多く、毎日のように夢にうなされ、夢と現実世界の区別がつかずに苦しんでいるような様子が見られました。もし、病院で受診したら、「統合失調症」に近い症状と診断されていたのかもしれません。現実の世界では、散歩中に突如として車道へ飛び出し、肝を冷やすようなこともありました。

そうして保育園を転々としながら、長女は幼少期を過ごしました。ただ、私自身は一生懸命に愛情を注ぎ、食事には気を遣い、おやつも全て手づくりのものを食べさせるなど、頑張って子育てをしていました。また、毎日絵本の読み聞かせをするなど、子どもに「良い」と言われていることは夢中でしていました。

そんなある朝のことです。私が台所にいると、ゴミ収集車が音楽を流しながら近くを通りかかりました。いつものことなので、特に気に留めずにいると、長女が「ママ、いいことを思いついた！」と言います。「どうしたの？」と私が聞くと、思いもよらない言葉が返ってきました。

**「私をゴミ屋さんに捨てちゃって。」**

その言葉に、私は大きなショックを受けました。その少し前、ゴミ箱に入って遊んでいた小学生が誤って収集車に投棄され死亡する事故が起きていましたが、長女はそのニュースを聞いていたのかもしれません。私なんかいない方がいい——私の見えないところで、長女は人知れず苦しみ続けていたのです。

実はその頃、私は長男に対して暴力を振るってしまう自分に苦しんでいました。長女に対しては、完璧な母親ぶりを発揮していた一方で、長男に対しては些細なことで怒りを止められない日々が続いていたのです。

長女の言葉をきっかけに「もうダメ！　私みたいな母親が子どもを育てたら、4人の子ども達がみんなおかしくなってしまう……」と感じた私は、急いで児童相談所へ相談に行きました。私が子ども達を何とかしたい一心で状況を説明すると、児童相談所の中の精神科で子ども達が精神鑑定を受けることとなりました。結果は長男・長女共に「トラウマから生じる発達障害」。後天的要因によって引き起こされた発達障害と診断がつき、治療が始まりました。

それからしばらくして長女は小学生になりました。最初は心の教育を中心とした少人数制の私学に入学させたのですが、引越しとともに公立へ転校し、そこに通いだしました。しかし、1～2か月も経たないうちに、保育園と同様、周囲の子ども達から嫌がらせを受け始めました。そして、小3の5月頃、靴箱に「死ね」と書かれた紙を入れられる出来事が発生し、長女は学校を休むようになりました。

当時、私の家庭は歪み、すさんだ状態でした。そうした家庭環境の中で、長女は自分自身の存在を否定し、「私なんか、いない方がいい」と考えるようになっていたのです。また、長女は常に相手にどう思われているかを気にし、「相手に嫌われているのではないか」と心配し、周囲に合わせてビクビクしていました。友達と仲良く過ごせている間はよいのですが、少しでも仲の良い関係が崩れると対応ができなくなり、いじめの関係性を作り出してしまっていたのです。

そうして作り上げられた「愛の欠乏感」や「間違えた思い込み」こそが、長女がいじめを受ける発生源であり、そう思わせてしまったのは、他でもない母親である私でした。

## 父親から虐待を受けていた幼少期の私

なぜ、長女が「私なんか、いない方がいい」と考えるようになってしまったのか。それを説明する上で、私自身のことについて話をさせていただく必要があります。

私は、4人姉妹の3番目として横浜で生まれ、両親、祖父母、叔母2人が共に暮らす大家族の中で育ちました。子どもの頃からスポーツが得意で、中学校ではバレーボールに明け暮れ、高校は四国地方の強豪校に進学しました。

こう話すと、スポーツのエリート街道をまっしぐらのような印象を受ける人もいると思います。でも、その内実は順風満帆とは程遠いものがありました。**私自身、幼少期から父親の精神的な虐待を受け続けており、バレーボールに打ち込んでいたのは、それを振り払うためだったのです。**

もちろん、当時の私はそんな負の原動力が無意識にあることなど分からず、ただひたすらスポーツに没頭していました。地元を離れて全寮制の高校に進学したのは、私を父親から離すという母親の意図がありましたが、当の私自身は、ただただバレーボールがうまくなって、全日本の代表選手になりたかっただけだったと思います。

当時の私は「自分が悪い」という自虐パターンに侵されていて、父親から虐待を受けているという自覚を持てていませんでした。虐待やドメスティックバイオレンスの被害女性は、大方この思考パターンに陥っていて、「自分が被害を受けている」という自覚を持てません。今になって振り返ると、小学生の頃から「死にたい願望」（子どもの頃の感覚からすると「消えたい願望」の方が正しい）が強く出ていたのは、虐待が私の心に深い傷を与えていたのだろうと思います。表向きは、スポーツ万能、明るい性格で、中学時代はキャプテンも務めたこともある私が、まさかそんな感情を抱えているなどとは、周囲の誰も分からなかったことでしょう。良い子と思われている子どもの突然の自殺は、このような形で起こることが多いのではないかと私自身の体験を通して感じます。

父親からの「無自覚」の虐待から解放されたのも束の間、今度は部活動の監督から、「体罰」という名の暴力を、あり得ないほど受ける日々が始まりました。顔面を殴打され、鼻血を出したり、口の中を切ったりするのは日常茶飯事。時に、熱いお湯を頭からかけられることもありました。明るみに出れば大問題となるような話ですが、山奥にある全寮制の学校では、そうした非道もまかり通っていたのです。

そうしているうちに食事が喉を通らなくなり、1年生の終わり頃には摂食障害を発症して、プレーできなくなってしまいました。身長160センチある私の体重が30キロ台まで落ち込み、倒れて起き上がれなくなってしまったのです。話を聞き、慌てて実家から駆け付けた母親は、ガリガリに痩せ細った私の姿を見て、「一体、どうなっているのか」と、学校に強く抗議しました。しかし、その抗議が受け入れられることはありませんでした。当時の母の無念さを思うと、今でも涙がこぼれ落ちそうになります。

その監督は間もなく、他の教え子に問題行動を起こし、学校を去りました。その後、新しい監督が大阪から腕の良い選手3人を引き連れてやって来ました。私自身は、辛うじて復帰したものの、もはやまともにプレーすることができず、全日本代表を目指せたほどの実力は一切消え去り、ミイラのような姿で球拾いをする日々が続きました。

高校を卒業後は、大学へ進学する予定でしたが、家庭の経済的事情もあって断念し、地元横浜の化粧品メーカーの研究所に勤めることになりました。採用担当者が、私の体育会系気質を高く評価してくれて、高卒では異例の待遇で研究職に就きました。この会社では上司や同僚にも恵まれ、表面的には平穏な日々を過ごしていました。

しかし、高校時代に発症した摂食障害が、次第に頭をもたげてきます。ご存じの方も多いと思いますが、摂食障害は一度発症すると拒食と過食を繰り返し、治るまでにはかなりの期間を要するのです。その結果、次第に出勤できない日が増え、2年ほどで退職を余儀なくされました。

退職してすぐの頃、私は自殺をしようと一人で北海道に渡りました。その頃の私は、過食で醜く太り、周囲の誰の目にも触れたくない、この世から消え去りたいと考えていたのです。すんでのところで思いとどまったのは、私の心の片隅に、かすかに母親の愛情が届いていたからかもしれません。

その後、地元に戻った私は、昼は老人ホーム、夜はスナックに勤めながら生活をしていました。その間も、摂食障害の症状に苦しみ、何度も死のうと思いました。そんな状態で、まともな生活など送れるはずもありません。

ついには入院することになり、その後は病院を転々とする日々が続きました。当時最先端の治療も受けましたが、症状は一向に良くなりませんでした。

## 夫との出会い、DV、逃亡……

夫とは、依存症専門病院で摂食障害の治療を受けていたときに出逢いました。その病院では、依存症の当事者で構成されたグループミーティング療法を実施しており、その自助グループに薬物依存症治療のためにいたのが夫だったのです。

約1年の交際期間を経て私達2人は結婚し、夫の実家がある群馬県に居を構えました。私が24歳の時でした。翌年には長男も誕生し、虐待や暴力、摂食障害に苦しんできた私の人生も、ようやく良い方向へと向き始めたかのように思えました。

しかし、幸せな時間は長く続きませんでした。一緒に住み始めて間もなく、夫のDVが始まったのです。暴力の矛先は私だけでなく、幼い長男にも向けられました。部屋に蚊がいただけで、わざわざ長男の顔の近くで殺虫剤を噴射するのです。このままでは、長男の命が危ない――そう思った私は長男を連れて実家へ帰り、1度目の結婚はわずか1年半で終わりを迎えました。

その後、私は神奈川県内で長男と2人暮らしを始め、建設会社に勤務しました。宅建の資格を取るなど仕事は順調でしたが、元来さみしがり屋の私は孤独に耐えられず（依存症の特徴でもあります）、次第に心がすさんでいきました。そして、長男につらく当たるようになっていきました。

私と同様、元夫も孤独に耐えられないタイプでした。気が付けば2人は連絡を取り合うようになり、2～3か月に1回の割合で会うようになりました。いわゆる、共依存症による病的再会です。

そうしているうち、離婚状態のまま、元夫と同居することなく28歳で2人目の子（長女）を出産。さらにその3年後、31歳で3人目の子（次女）を妊娠しました。こうなると、いつまでもシングルマザーでいるわけにはいきません。母子手当をもらっているのに、あの家は一体どうなっているんだと、周囲も次第に私を奇異な目で見るようになりました。

今度はうまくできるんじゃないか――そう考えた私は、再び夫と籍を入れて、軽井沢に移住しました。豊かな自然に囲まれて暮らせば、夫のDVもなくなり、幸せな家庭が築けると考えたのです。

しかし、私の期待は早々に打ち砕かれました。一緒に住み始めて1年も経たない頃から、夫が再び私や長男に暴力を振るうようになったのです。状況は以前よりはるかに深刻で、夫は自分のベルトで長男を繰り返し殴り、また夫婦喧嘩では包丁を持ち出すようにもなっていきました。私はそのたびに「警察を呼んで！」と大声で叫び、助けを求めました。

今度こそ殺されてしまう――そう思った私は、3人の子どもを連れて、夜逃げ同然の状態で、家を飛び出しました。その時は、お腹に4人目の子どもがいることなど、知る由もありませんでした。

父親から受けた虐待、部活動の監督から受けた体罰、夫から受けたDV……。ここまで読んできて、「なんて男運の悪い人なんだ」と思う方もいるでしょう。私自身も、当時は自分の運命を呪っていました。しかし、私が最も身近な人から、相次いで暴力を受けてきた源は、私自身にあったのです。

犯人は「私」――そのことに気付いたのは、自分の「不幸である理由の探究」を重ねる中で、「自分のことをいじめていると、周りからいじめられる」という真実に行き着いたからです。子どもの頃からずっと、私は「自分なんていなければいい」「自分なんて生まれてこなければよかった」「自分には愛される価値などない」と感じてきました。自分自身を愛することができず、無意識に自己否定ばかりしていて、そんな私の内面意識が、監督や夫からの暴力を呼び込んでいたのです。

そんな風に書くと、学校関係者の中には「いじめられる側が悪いのか」と眉をひそめる人がいるかもしれません。ここは重要なポイントですが、「いじめられる側に源がある」といっても、「いじめられる側が悪い」と言っているわけではありません。

理由はＰＡＲＴ２で解説しますが、誤解なさらないでいただきたいと思います。何より「いじめられる側に源がある」ということは、「いじめてくる相手を変えさせる」ことをせずとも、いじめを終わらせることができるということなのです。いじめで苦しんでいる者にとっては、高い価値がある考え方であるということを、はっきり認識していただきたいと思います。

さらにお伝えしたいこととして、いじめ問題を「いじめる側＝加害者」「いじめられる側＝被害者」という、二者に役割分別した構図で周囲が捉えていることが、この問題を解決できない袋小路へと追い込んでいるという事実があります。この点も、ＰＡＲＴ２で詳しく解説します。

## ●新しい思考様式との出会い

元夫から逃れた私は、３人の子どもと共に京都に移住しました。実家やその近くに戻れば、元夫が追いかけてくるかもしれないと考え、遠く離れた地で警察の保護を受けながら、身を潜めることにしたのです。

やがて４人目の子（三女）を出産し、心機一転、私はシングルマザーとして４人の子を育てていくことを決意しました。幸い、心の教育に力を注ぐ良い学校も見つかり、そこでＰＴＡの役員を務め、「自然育児」に没頭していきました。子どもの食事は玄米菜食を中心に組み立て、おやつも全て手づくりでこしらえ、夫のいない安全な居場所の中で、しばらくの間は完璧な母親ぶりを発揮していました。

しかし、**私自身の内面にある自己否定の感情が、次第に悪い形で表に出てくるようになります。長男に暴力を振るうようになっていったのです。**暴力に苦しみ、暴力を憎んでいたはずの私が、食事を残しただけで長男をたたいたり、ベランダに締め出したりしました。そんなことをしてしまった後は毎回、私は「なぜ、こうなってしまうのか」「誰か、この怒りを止めて」と苦しみ、とめどなく涙を流しました。

暴力の矛先となるのは、決まって長男でした。これは、私が過去に男性から心身に対する暴力を受けてきたことと無関係ではありません。また「自分勝手な父親」と「献身的に尽くす母親」を見ながら育ったこととも関係していると思います。3人いる娘に対しては決して手を上げることはなく、良き母親として努力してきたつもりでした。

それだけに、長女が「私をゴミ屋さんに捨てちゃって」と言ってきたときはショックでした。後になって分かったことですが、長女は私が長男に暴力を振るう姿を見て、「私のせいでお母さんが辛い思いをして、お兄ちゃんに暴力を振るっている。だから私がいなくなればいいんだ」と考えていたのです。

突拍子もない話に聞こえるかもしれませんが、子どもはいつも親の顔色をうかがい、親の期待に応えようとしています。テレビ番組の「はじめてのおつかい」で、小さな子どもがあれだけ頑張れるのも、「お母さんの喜ぶ顔が見たい」と思っているからです。それとは逆に、親が苦しむ姿を見ると、子どもは自分のせいだと思い込んでしまうのです。

要するに、自己否定に支配された私の思考が、日々の暮らしの中で長女に転移していたのです。長女が「トラウマから生じる発達障害」となったのも、周囲からいじめを受けたのも、母親である私自身の「自分いじめ」が源となって生じた現象でした。

苦悩の日々が続く中、転機となったのは、友人に誘われてとある講座に参加したことです。そこで何度か話を聞く中で、私自身が変わらなければ、長女の問題が解決しないことを悟りました。そして、いじめが起こる原理に気付き、実践と研究を重ね、いじめを終わらせるための「方程式」にたどり着いたのです。

## ●長女に対するいじめの解消

「いじめが終わる方程式」の詳細はＰＡＲＴ２で説明するとして、新たな思考様式を得た私は、日々の思考と言動が変わっていきました。そして、そんな私を見て、子ども達の内面にも少しずつ変化が現れ始めました。

いじめられていた長女に、私は「自分の心は、鏡になって相手に映るんだよ。だから、自分のことをいじめていると、周りからいじめられるんだよ」と伝えました。長女はすぐに事の本質を理解し、日々の生活で実践しました。

**すると、これまでのことが嘘だったかのように、周囲の子との関係性に変化が生じ、いじめを受けなくなりました。それればかりか、次第に長女はクラスの人気者になり、周囲の子ども達に影響を与えるような存在になっていったのです。**

子どもの頭と心はとても柔軟です。私は現在、講演家として学校で「いじめが終わる方程式」を話していますが、低学年の子ほどすぐに理解して実践します。一方、大人の場合はそうはいきません。長い年月をかけて築かれてきた「旧来型」の思考様式（本書では「旧式思考」と呼んでいきます）が、新しい思考様式を取り入れる上で障壁となってしまうのです。長女がすぐに実践できたのも、まだ小学校中学年で、柔軟な頭脳と心を持っていたからです。

こうして長女に対するいじめは解消しましたが、話はこれで終わりません。**長女はその後、クラスにあった他のいじめをも次々と消していったのです。**

具体例を一つ紹介します。小学校4年生の時、長女のクラスにはKちゃんという女の子がいました。Kちゃんは友達への乱暴、自分勝手な行動などが目立ち、クラスの子ども達はもちろん、保護者達からも嫌われていました。必然的にKちゃんは周囲から孤立し、仲間外れになっていきました。

そんなKちゃんを、クラスで唯一受け入れていたのが長女でした。長女自身は、Kちゃんを「可哀そう」と思ったわけでも、「支えてあげよう」と思ったわけでもなく、ありのままを受け入れていただけなのだと思います。次第にKちゃんは、長女に付いて歩くようになりました。

Kちゃんはたまに我が家へ遊びに来ることもありました。すると決まって、あいさつもなしに上がり込み、勝手に冷蔵庫を開けてジュースを飲んだりします。あきれた私は、長女に「あの子のこと、嫌じゃないの？」と聞きました。すると、長女は「Kちゃん、おうちで頑張っているから」と言います。

後々になって知ったのですが、Kちゃんは複雑な家庭環境を抱えていました。重度の身体障害を抱えた妹達がいて、さらにはその下に3歳の弟がいたのです。この話を聞けば、Kちゃんが家の中でどんな状況に置かれていたかは想像がつきます。学校での自分勝手な行動は、その反動でした。その状況を知っていた長女は、Kちゃんの自分勝手さも何とも思わず、そのままを丸ごと受け入れ続けていたのです。恐らく、自分を責め続け、家庭に居場所がないと感じ、消えてしまいたかった自分自身とKちゃんを重ね合わせていたのではないかと考えられます。長女が自分いじめをやめ、自分自身を丸ごと受け入れられるようになったことで、相手のことも自然と丸ごと受け入れられるようになっていったのです。

そうして長女と過ごすうちに、少しずつKちゃんの自分勝手な行動が出なくなっていきました。その後、Kちゃんの行動が落ち着いてゆくにつれ、彼女に対する周囲のいじめも消えていきました。

こんな形で、長女は周囲のいじめを次々と消し去っていきました。次第に、長女の周りには人の輪ができるようになり、クラスの中でカウンセラー的な役割を担うようになっていきました。いじめを受けていた数年前のことを考えれば、信じられない状況です。

その翌年の保護者面談で、ベテランの担任の先生が私に、こんな風に話してくれました。

**「娘さんの他人を受け入れる力や感性は、一体どこから来るのかと思って、私なりに研究をしてきました。その答えが、今分かりました。それは他でもないお母さん、あなたの存在です。」**

子どもの頃から辛く苦しい日々を送ってきて、大人になった後は我が子達をも苦しめてきた私にとって、どれほどの嬉しい言葉だったでしょうか。私が実践してきた「いじめが終わる方程式」への自信が、確信に変わった瞬間だったと言えるかもしれません。

## ●夫との再会、3度目の結婚

暴力やいじめを生んだ犯人は私――そう思った出来事がもう一つあります。長女のいじめが解消して間もなくの頃、私はある男性とお付き合いするようになり、再婚を決意したことがありました。実際、彼の両親に挨拶をするところまで、話が進んでいました。

しかし、再婚を決めた頃から状況が一変しました。優しかった彼が、暴力を振るうようになったのです。私はがく然としました。暴力的だった元夫とは真逆で、優しく、誠実な人を選んだのに、この有様です。何がどうなっているのかと、私はわけが分からなくなりました。

その構造を端的に言い表すならば、私の中で自分が自分に暴力を振るっているという内面意識が鏡となって相手の心に映り、相手の暴力性を引き出してしまったのです。「自分いじめを終わらせること」に気付き、子どもとの関係性においては課題を乗り越えてきた私ですが、「対・男性」に対する内面意識は、未だ変わり切れていなかったのだと思います。

結局、どんなにパートナーを代えても、私自身が変わらなければ幸せになることはできない。この一件があって、私はそう悟りました。

ちょうどその頃、長女が私にこう言ってきました。

「お父さんと会いたい。」

虐待を受けていた長男と違い、長女は6歳まで一緒に過ごした父親のことが好きでした。私は戸惑いましたが、母親として子どもが父親に会う権利を奪うことはできないと思いました。

以前の私であれば、元夫と会うなんて絶対に考えられないことでした。元夫のせいで、私や子ども達の人生が台無しになったと考え、憎んでいたからです。しかし、この頃の私は、思考様式が徐々に変わり始めていて、元夫を許すことができていました。「許し」のためのカウンセリングや癒し療法、トラウマ解消法などの治療は一切していないのに、**新しい思考様式に自分を変換させたことで、自然と憎しみや怒りの感情、トラウマまでもが消えていった**のです。そんな劇的な変化に、私自身も驚きを隠せませんでした。

とはいえ、DVから逃れて関西へ来て以降約4年、元夫とは一度も連絡を取ったことがありません。私自身、「もう二度と会わない」と心に決めていたので、電話番号やメールアドレスなども全て処分し、連絡を取る術がありませんでした。

しかし、長女は諦めませんでした。古いダンボール箱をひっくり返して、父親につながる手がかりを探し出そうとしたのです。そして、ついに古い保険証券を見つけ、そこに夫の携帯番号が書かれているのを発見しました。私は覚悟を決めて、「電話してもいいよ」と伝えました。

長女は、非通知の「184」をプッシュした上で、その番号に電話をかけました。1回、2回と着信音が鳴り、私達の鼓動は高まりました。

「もしもし?・」

電話の向こうから聞こえてきたのは、紛れもなく元夫の声でした。長女はとっさに、電話を切りました。4年ぶりに聞こえてきた父親の声に、動揺したのでしょう。無理もありません。

翌日、再び長女は電話をかけました。でも、元夫が電話に出ると、前の日と同じように切ってしまいます。2回、3回と、そんなことを繰り返しました。

何度目のコールだったでしょうか。電話に出た元夫が、「Nか?・」と長女の名前を呼びました。後で聞いた話だと、いつか我が子から電話がかかってくるかもしれない、それがたとえ何十年先でも構わない、だから携帯電話の番号だけは絶対に変えないでいようと決意していたそうです。そんな父親としての強い想いが、遠く離れた長女の心に届いたのかもしれません。

私と元夫は話をして、中間点に当たる名古屋で、まずは2人だけで再会することにしました。待ち合わせ場所を名古屋にしたのは、元夫に対する恐怖心が根強く残っていて、自分がどこに住んでいるかを知られたくなかったからです。

数日後、約4年ぶりに再会した元夫は別人のようにやつれ、頭には大きな円形脱毛が出来ていました。話を聞くと、私が出て行った後、いったんはビジネスで大儲けをしたものの、悪意ある人に騙され、その後は日々の生活にも困窮する状況が続いていたそうです。かつての勢いはどこへやら、元夫はすっかり憔悴した様子で、事の顛末を淡々と語りました。

対照的に以前とは別人のように生き生きした私を見て、元夫は「お前、一体どうしたんだ?」と目を丸くしました。私がこれまでの経緯を話すと、元夫は感心した様子で聞き入り、時に感動で涙を流しました。元夫は、私と結婚する前にも結婚に失敗しています。男女や親子の関係がうまくいかない現実を誰よりも体験してきた人です。だからこそ、新しい思考様式の可能性を感じたのでしょう。

「**そんなことが本当にできるようになったら、世界中に平和が訪れるね。**」

元夫が言った一言が、全ての答えを意味していると、今となって思います。

一通り話が終わった後、私は元夫に「実は、4人目の子がいるの。あなたの子よ」と伝えました。元夫は信じられないような表情を浮かべた後、感慨深そうにうなずきました。

その後、私と元夫は何度か電話で連絡を取り合いました。人生のどん底にあった元夫にかつての威勢はなく、私や子どもに危害を加えるような様子は感じられませんでした。そこで私は、元夫と子ども達を再会させることにしました。

２０１１年2月、「会わせたい人がいる」と言い、私は４人の子どもを連れて近隣の公園へ向かいました。公園の近くまで来て元夫の姿を見つけた子ども達は、一瞬たじろぎました。父親とはいえ、かつては家庭で暴力を振るっていた男です。

すると、父親を知らないはずの三女が突然、「お父さーん！」と言いながら、彼の元へと駆け寄っていきました。本能的に父親だと察知したのか、本当に驚きました。足元に抱きつき、「一緒に遊ぼう！」と言って、元夫をブランコへといざないました。

元夫の目には光るものがありました。その様子を見ていた私の目からも、みるみる涙が溢れました。長女は嬉しそうに、私の耳元でこう囁きました。

「お母さん、やっぱり本当のお父さんっていいね。」

私は泣きながら、こう答えました。

「そうだね。本当によかったね。」

元夫と無邪気に遊ぶ三女、嬉しそうな表情をする長女、そして少し照れ臭そうにする長男と次女。私はその時の光景を一生忘れることができないと思います。

その後、元夫は私自身が実践してきた方程式を学びたいと言ってきました。すでに、どん底を経験していた元夫は、私の話に素直に耳を傾け、少しずつ変容していきました。薬物依存症に苦しみ、妻や子どもに暴力を振ってきた元夫自身も、「自分いじめ」に苦しんできたのです。

そうして二人の関係は修復し、私達は3度目の結婚をしました。長い道のりを経て、ようやく求め続けていた幸せを手にすることができたのです。現在は、かつての悲惨な暮らしが嘘だったかのように、幸せな毎日を送っています。

余談ですが、夫と再会して、一つ驚いたことがあります。幼少の頃、夢と現実の区別がつかずに苦しんでいた長女が、離れて暮らす夫の生活状況を事細かに説明していたことがありました。私は、ただの夢だろうと思っていたのですが、驚くことにほぼ正確に言い当てていたことが分かったのです。面識のない父親に駆け寄った三女といい、現代科学では解明しきれない部分で、親子はつながっているのかもしれません。

## ●この世界から「いじめ」をなくすことはできる

ここまで話を聞いて、私がなぜ父親や夫から暴力を受けてきたのか、おぼろげにでもご理解いただけたのではないかと思います。全ては、私自身の自己否定、自分に対するいじめが源になっていたのです。私の否定的な内面意識、「自分いじめ」が鏡となって相手に映り、虐待やDVという名のいじめを呼び込んでいたとも言えるでしょう。また、私の自己否定は長女に投影され、それが教室でのいじめにもつながりました。

私は、そのことに気付き、自らをいじめることをやめました。それだけで、自分自身と周囲との関係性が変わり、子ども達の内面意識も変わっていきました。

長女に関して言えば、いじめを受けなくなったばかりか、自らが教室内のインフルエンサー（周囲に影響を与える人の意）となって、周囲のいじめを消していきました。よく、「いじめは普遍的課題。世界がある限りなくならない」などと言われますが、少なくとも長女がいた教室からは、長女の内面意識が変化したことで、いじめが消えてなくなりました。

この図式で考えると、より多くの人々が「いじめが終わる方程式」を学び、「自分いじめ」をしなくなれば、世界からいじめをなくすことはできます。人間同士の全ての対立を解消することだって、夢物語ではありません。

「自分いじめ」をしている子がいじめられることがある一方で、「自分いじめ」をしている子が、周囲の子をいじめることもあります。長女をいじめていた子ども達は、決して複雑な家庭環境を抱えていたわけではありません。何の問題もない一見幸せそうな家庭で育った子どもも、無意識に自分をいじめ、自己の存在を否定する「旧式思考」を使っている限り、誰もが起こり得ることなのです。しかし、「いじめが終わる方程式」を知って内面意識が変われば、誰からでもいじめをなくしていけるのです。

つまり、世の中に存在する全てのいじめは、「いじめっ子」と「いじめられっ子」の双方が、互いに「自己否定」の感情を持ち、互いに引き合うことで起きる現象なのです。そして、いじめを消し去るには、一人一人の子どもがそうした感情を持たないようにすることが必要となります。

そうした考えに基づき、ここ数年、私は多くの児童生徒や教員、保護者などを対象に、「いじめが終わる方程式」の講演をしてきました。子ども達からは「自分を好きになっていいんだと分かって嬉しい」「これから僕も変わろうと思った」「自分が生まれてきた意味が分かった」などの感想を多く寄せられており、手応えを十分に感じています。

とはいえ、私一人で「いじめが終わる方程式」を広げるのには限界があります。そのため、今後はこの方程式を広く学校関係者に知っていただき、実践をしていただきたいと考えています。今回、本書を書き起こしたのも、そうした想いがあったからです。

しかしながら、「いじめが終わる方程式」を実践するのは簡単ではありません。失礼な言い方になるかもしれませんが、「旧式思考」に支配された大人ほど、新しい思考を取り入れるのが難しいからです。

そのため、具体的なイメージをつかんでいただく必要があると考え、ＰＡＲＴ１では「いじめが終わる方程式」を通じて、一つのいじめが解消していくプロセスの具体例を紹介しました。また、長女のいじめの源となった私自身の半生についても、やや紙幅を割いて紹介しました。

ＰＡＲＴ２以降は、このエピソードを細かくひも解く形で、「いじめが終わる方程式」の原理について解説をしていきたいと考えています。

PART 2

# 「いじめ」が生まれるメカニズム

このPARTでは、「いじめ」がどのようなメカニズムで発生するのかを詳しく解説していきます。少し難解な部分もありますが、「いじめが終わる方程式」を理解する上で根幹を成す理論ですので、PART1で紹介したエピソードを思い起こしながら読み解いてみてください。

## ●「いじめ」は世の中の至る所にある

今、「いじめ」は学校教育上の大きな課題として捉えられています。いじめに関わる事件や出来事が新聞やテレビ等で頻繁に取り上げられ、そのたびに「今の学校はどうなっているんだ」「子ども達は大丈夫なのか」などと、多くの大人達が心配の声を寄せています。

でも、よく考えてみてください。「いじめ」は子ども達だけの問題でしょうか。大人社会にも、似たような現象はあらゆる所で起きているのではないでしょうか。

事実、２０１９年秋には教育する立場にある教員のいじめ事件が大きく報じられました。こうした出来事は学校に限らず、至る所で起きています。例えば、会社組織を見れば、上司が部下に執拗な嫌がらせをしているような話は山のようにあります。こうした行為は近年「パワーハラスメント（パワハラ）」と定義され、多くの企業がその防止等に取り組んでいます。最近は「モラハラ」「アカハラ」「マタハラ」など新たな言葉が次々と生まれていますが、これらのハラスメントも他人に精神的苦痛、肉体的苦痛を与えるという点では、いじめと同じです。

家庭に目を向ければ、夫が妻に（あるいは妻が夫に）暴力を振るったり、心理的な嫌がらせをしたりするような話は枚挙に暇がありません。こうした行為は「ドメスティックバイオレンス（DV）」と呼ばれ、やはりいじめと同じ基本構造を有しています。また、親が子どもに（あるいは子が親や祖父母に）暴力を振るったり、心理的な苦痛を与えたりする「虐待」も、メカニズムはいじめと同じです。

つまり、**複数の人間が集う限り、どのような場所・組織においても、いじめは起き得る**のです。子どもが子どもをいじめれば「いじめ」となり、上司が部下をいじめれば「パワハラ」となり、夫が妻をいじめれば「DV」となり、親が子どもをいじめれば「虐待」という言葉でラベリングされるだけで、この世の中は至るところ、「いじめだらけ」だと言えます。

さらに言えば、自分が自分をいじめることもあります。それが現象として現れるのが、「リストカット」や「薬物依存」、「摂食障害」などですが、最悪の場合、「自殺」に至ることもあります。日本の自殺者数は年間約2万人。ここ数年は減少傾向にあるとはいえ、これだけの人々が精神的苦痛を理由に自ら命を絶っていることは、現実として直視しなければなりません。

大人達の多くは、学校におけるいじめの問題を実社会と切り離して考えがちです。しかし、大人社会で起きているハラスメントやDVも、学校で起きているいじめも、基本構造は同じです。だから、同質の問題としてとらえ、向き合っていかねば、同様の事件は多発していきます。

では、どのようにすれば、この世から「いじめ」をなくすことができるのでしょうか。必要なのは対処法や対策ではなく、根源的な部分を変えていくことです。そのためには、第一にいじめが発生する原理・メカニズムを理解する必要があります。初めて読む方にとっては少し難解な部分もありますが、この世界から「いじめ」を消すために必要不可欠な知見ですので、しっかりと読み解いていただければと思います。

そもそも「いじめ」とは、何なのでしょうか。その正体を一言で表すなら、私は「エゴ（※1）による〝存在〟（※2）奴隷化現象」と定義します。エゴというものに、本当の自分自身を侵略されたまま生きているという意味です。また、別の表現をするならば、本当の自分自身という「意識」がない状態の中で、無意識に操られて生きている状態と言ってもいいのかもしれません。もしくは、物質の世界に意識が閉じ込められている状況とも言えます。（しかし、決してエゴが悪いという意味ではありません。）

「エゴ」という言葉から、人間の「欲」や「利己主義的な感覚」を想像する人も多いと思いますが、そうではありません。「エゴ」とは、身体を「自分」と認識し、その自分と世界

を切り離して見ている認識のことであり、全ての人はエゴの中で暮らしています。

この本を読んでいるあなたは、目の前にいる人のことを「他者」と認識していると思います。そして、自分の身体を「自分」と認識していると思います。この認識こそが「エゴ」です。ですから、普段から「私はエゴなんかないわ！」と言っている人も含め、エゴの中にいない人など、誰一人存在していないのです。そして、エゴの中にいる限り、誰もが「いじめ」の関係性を作り出す可能性があるのです。

※1　本書でいう「エゴ」とは、身体（物質）の「自分」を中心に全てを捉えている認識作用（世界と自分を切り離した認識）のことで、自我ともいう。「偽の自我」「低次の自我」ということもできる。「エゴ」のベースは「恐怖」。

※2　本書でいう「存在」とは、本当の自分自身（あるがまま）のこと。空間と時間という概念から見たら「意識」とも言える。「真の自我」「高次の自我」と言うこともできる。

私達は、本当の自分自身を見失った状態で生きているから、「生きづらさ」や「トラブル」が多発しているのです。そして、いじめやさまざまな社会問題を根本から終わらせるには、従来の枠組みを知って、その上に立って「真の意識変革」を起こしていくしかないのです。

ＰＡＲＴ２では、そうような視点に立ち、無意識状態を作り出してしまうエゴの構造（さらに詳しくは、エゴを司っている思考の仕組み）について、述べていきます。

## いじめ問題は「いじめっ子」側だけの問題ではない

文部科学省「生徒指導提要」は、「いじめの衝動を発生させる原因」として、①心理的ストレス、②集団内の異質な者への嫌悪感情、③ねたみや嫉妬感情、④遊び感覚やふざけ意識、⑤いじめの被害者になることへの回避感情の５つを挙げています。

こうして「いじめっ子」の問題を指摘する一方で、「いじめられっ子」については何も触れていません。

世間的には、いじめ問題は「いじめっ子」側の問題だと捉えられる風潮があります。しかし、批判を恐れずに言えば、私は「いじめっ子」と「いじめられっ子」の双方に要因があり、「いじめっ子」だけを変えようとしても、この問題は解決しないと考えています。

「いじめ」は、**心に同じ傷を持った者同士で引き起こされる、関係性のトラブル**なのです。

さらに言えば、前述した「エゴによる〝存在〟奴隷化現象」の一つにすぎません。現実社会でいじめに苦しめられている子どもやその親の気持ちを思うと、こうした指摘をするのははばかられる部分もありますが、これ以上つらい思いをする人を増やしたくないからこそ、真実を伝えていく必要があると考えています。

**この問題に「悪者」は誰もいません。「いじめられっ子」はもちろん「いじめっ子」も、先生も、親も、学校も、国も、誰も悪くはありません。全ては、社会の中で連綿と培われてきた、エゴを司っている人間の思考様式に原因があります。**その思考様式によって、私達は「エゴの奴隷」と化して生きているのです。この奴隷化現象を生み出した従来の思考様式（本書では、「旧式思考」という言葉を使っていきます）を根こそぎチェンジし、バージョンアップすることが、いじめをこの世から消すために絶対的に必要なこととなります。

大人の私達が認識しなければいけないのは、子どもはあくまでも「大人の反映」であるということです。子どものいじめ問題を終わらせるには、私達大人が変わらなければなりません。今の教育は、前述の通り、子どもだけを問題視し、その問題をなんとかしようと右往左往していますが、そうした子どもを育てたのは大人社会であり私達なのです。「子どもは、**私達の姿を映し出してくれるピュアな鏡」であることを忘れてはならないのです。**

この視点から考えると、子ども達が引き起こすいじめ問題は、私達大人自身へのメッセージだと考えることもできます。

## いじめる理由、いじめられる理由

では、私の長女が「いじめられっ子」になった事実を通して、いじめのメカニズムをひも解いていきたいと思います。長女のいじめを「生徒指導提要」に当てはめて分析するならば、おそらく「③ねたみや嫉妬感情」に該当したであろうと思います。

長女の場合、女の子特有の仲良しグループの中に、独占欲が強いあまり「自分の好きなお友達を取られてしまった」と勘違いした子（Sちゃん）がいました。よくある女の子のグループ間のトラブルです。

「Aちゃんは私と遊ばないで、N（長女）と遊んだ。以前、Aちゃんは私と親友だったのに、Nが引っ越してきたことによって、Aちゃんを取られた。」

そんな風に、Sちゃんの気持ちがエスカレートしていったのです。しかし、長女は、まさかSちゃんがそんな感情を抱えているなどとは思っていませんでした。なぜならば、長女は常に「相手に嫌われているのではないか」とビクビクしており、まさか自分が嫉妬の対象になっているだなんて思いもしなかったからです。

ここでの問題は「独占欲」、いわゆる「エゴ」です。誰かを独占していないと安心してそこにいられないほどに、Sちゃんが自分自身を「認められない」状況に陥っていたことで、いじめが発生したと考えられます。言い換えれば、自分自身を「認められない」から、誰かを独占してバランスを保とうとしたわけです。エゴの構造上起きる、「自分（エゴ）の居場所」を確保するための回避行動とも言えます。

Sちゃんの中に侵入しているエゴ（ここでは「独占したい欲求」）にとって、お友達を取られてしまうことは一大事です。一方、長女の中に侵入しているエゴ（ここでは「友達から嫌われたくない欲求」）にとっても、相手に嫌われることほど怖いことはありません。こうした構図を見ても分かるように、**Sちゃんと長女の共通点は、「自分を認められない」ことで、それがいじめを発生させた根幹の原因だと推察されます。**

これに関連する話題として、最近はアドラー心理学の「嫌われる勇気」などが注目されています。あるいは、怒りの対処法として「アンガーマネジメント」なども注目されています。いずれも、一次的には有効な手法だと思いますが、限界があります。こうした対処法を続けると、感情をコントロールすることに自らが支配され、クタクタになって、また次の対処法を探し求めてしまうのがオチだからです。エゴをエゴで対処しても、結局はそ

図1　「いじめられっ子」と「いじめっ子」の関係性

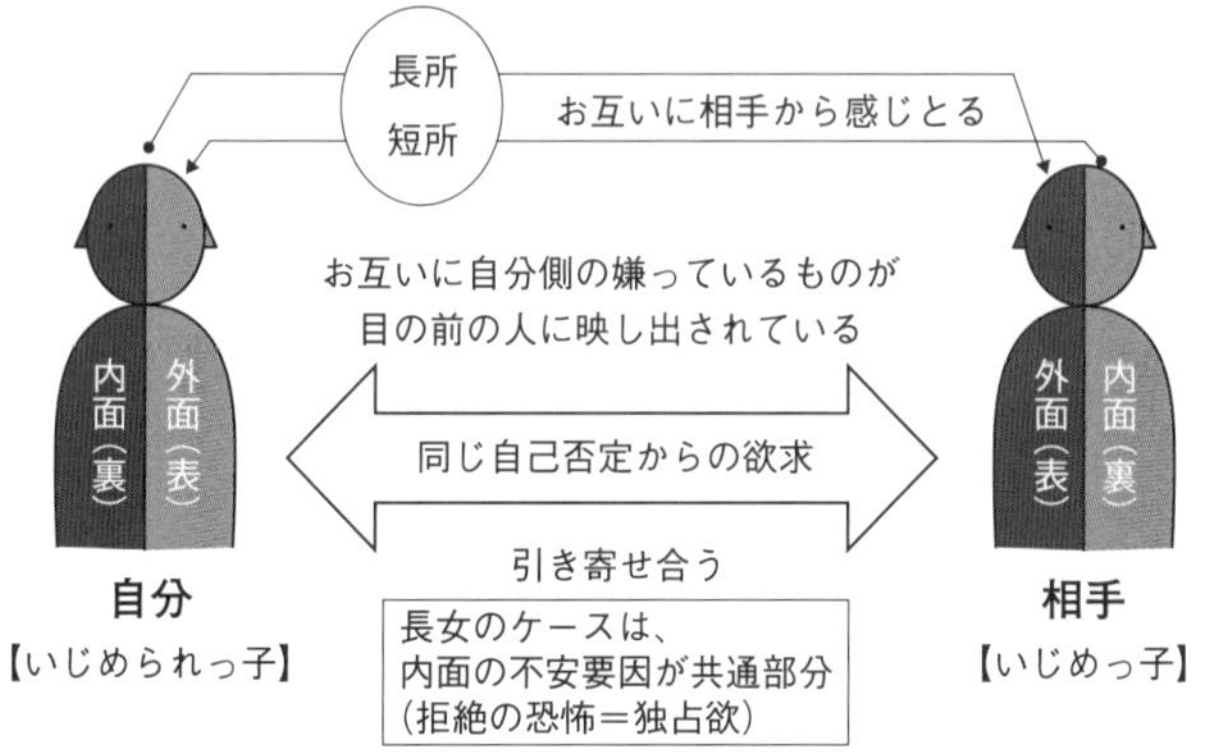


のエゴに再び苦しめられてしまうという事実に、私達は早く気が付かなければなりません。

よく、学校では「相手を認めてあげましょう」などと指導します。でも、相手の承認欲求を満たしてあげているときの自分は、自分の気持ちを抑えて、相手に合わせています。それとは反対に、自分の承認欲求を優先したら、相手を否定し、支配的な傾向になります。どちらの場合も、相手や自分をコントロールして苦しくなってしまうのです。これこそが、エゴによる奴隷化の分かりやすい例です。しかし、「いじめが終わる方程式」を取り入れると、結果として「自分や相手を自然と認められる」状況が勝手に起こってきますので、エゴによる奴隷化から解放されるのです。

**図1**は、「いじめっ子」と「いじめられっ子」の関

係性を表した図です。言い換えると「エゴによる存在奴隷化脱出基本構造図」とも言えます。ここでは、分かりやすく長所と短所を示しましたが、人間の身体を中心に「内面」と「外面」に分け、エゴを見破る方程式となっています。

**相手の外面＝自分の内面**
**相手の内面＝自分の外面**
定義：外面とは、自分の身体の外側の事象。内面とは、自分の心の中の事象。

この構図を理解することが、エゴから脱出する上での土台（基礎部分）となります。押さえておきたい最重要ポイントは、**人間の身体（物質）を中心に全てを捉えていること自体がエゴである要因**ということになります。具体的にどういうことなのか、次項で詳しく解説していきます。

## 「長所」が伸びれば「短所」も伸びる

私達が、自分を認めることができない大きな要因、エゴによる奴隷化の原因とは何なのでしょうか。全ては、日常当たり前に使っている「旧式思考」に起因します。

最も分かりやすい例が、**図1**にも示した「長所」と「短所」です。私達は今まで、長所を伸ばして短所を減らそうと教えられてきました。しかし、「生命」の構造から見たら、実にナンセンスなことなのです。そうした「旧式思考」は、半分の自分（長所）を好んで、もう半分の自分（短所）を嫌って生きていくことにほかならないからです。

このことを理解していただくために、私はよく、一枚の紙に例えて説明します。紙には「表」と「裏」がありますが、「表」を大きくすれば「裏」も大きくなります。逆に「表」を半分にすれば、「裏」も半分になります。「表」だけを大きくして、「裏」を小さくすることは、原理的に不可能です。学校では日々、「自分の長所を伸ばしましょう」と子ども達に教えていますが、「長所を伸ばせば短所も同時に伸びる」という盲点に、多くの関係者が気付いていません。

具体例を挙げて説明しましょう。あるところに、Aさんというとても真面目で几帳面な人がいました。Aさんは、約束事や時間は常に守り、整理整頓ができて、人との連絡はこまめに取る。そんな様子を見て、周囲は「Aさんは真面目で几帳面だね」と言います。その言葉を聞いたAさんは、それを自分の長所と認識して、ますます真面目で几帳面になっていきます。ところが、その一方でAさんは、約束事や時間を守らない人、整理整頓ができない人を見て、これまで以上に嫌悪感を抱くようになりました。そして、自身が短所と認識していた「融通が利かない」という特性が、より際立つようになっていったのです。

お分かりいただけたと思いますが、「真面目」「几帳面」という長所の裏側には、「融通が利かない」という短所も一緒に存在しています。Aさんは長所を伸ばした結果として、短所も伸ばしてしまったのです。

私には、「声が大きい」という長所があります。しかし、講演会等では役に立つこの長所も、家の中では「うるさい」という短所に変わります。これを「自分の長所だから」と思って伸ばそうとすれば、家族にとってはこの上なく迷惑な話です。

世の中において長所と考えられている特性の全ては、このような性質を有しています。「何事にもよく気付く」という長所を伸ばせば「神経質」という短所が伸び、その逆の「おおらか」な長所を伸ばせば「鈍感」という短所が伸びます。「素早い」という長所を伸ばせば「せっかち」という短所が伸び、その逆の「おっとり」という長所を伸ばせば、「のろま」という短所も伸びます。この他にも「自分を持っている」と「頑固」、「素直」と「人に流される」、「一途」と「視野が狭い」、「視野が広い」と「移り気」など、長所と短所のペアは際限なく挙げられます。

要するに、長所は短所にもなり、短所は長所にもなるということです。ある特性を長所と捉えれば、同時に同じ大きさの短所が生まれるのであって、そもそも長所と短所などというものは、関係性や場面によってコロコロ変わってしまうものです。ですから、そのことで落ち込んだり、自分を変えようと悩んだりする必要はないのです。

しかし、優劣基準の視点で先生や親が、子ども達の特性を長所と短所に仕分けし、レッテルを貼っていくことで、子ども達はその価値基準に支配されるようになり、エゴによる

**奴隷化が加速していきます**。と同時に、レッテル貼りをした側も、自身を優劣基準のはかりで測っていくようになります。つまり、価値基準の支配下にした側も、された側も、奴隷化の加速が起こるのです。

例えば、片づけがきちんとできる子に「あなたの長所だね」と言った瞬間から、その子の中に「片づけをしなければ」という意識が芽生え、「片づけができない自分」との闘いが始まり、苦悩や葛藤が生まれてきます。この葛藤こそが、「旧式思考」に支配され始めている心の曲がり角なのです。

誤解しないでいただきたいのですが、「片づけなんて、できなくていい」と言っているわけではありません。ここでお伝えしたいのは、長所と短所は表裏一体の関係で成り立っており、実は同じものであるということです。「表裏一体」という四文字熟語がその状態を的確に表していて、言葉の力はすごいと感動します。

「表裏一体」と聞いて、私達が最もイメージしやすいのは「メビウスの帯」です。**図2**を見ていただいても分かるように、表と裏がつながっていて、表裏の関係性は消失されてしまっています。

**図2　メビウスの帯**

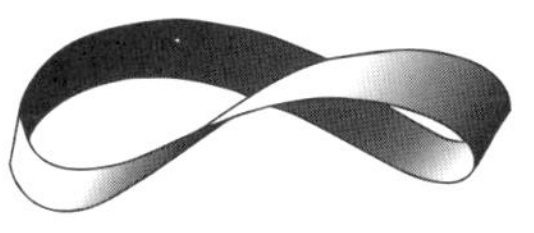

帯状の長方形の片方の端を180度ひねり、他方の端に貼り合わせた形状の図形

さらにメビウスの帯の特徴は、2周回って元に戻ってくる構造になっています。これを、前述の長所と短所の例題に当てはめてみると

**何事にもよく気付く（表）⬇神経質（裏）⬇おおらか（表）⬇鈍感（裏）**

といった感じになり、これが思考の回転運動として一人の人間の中で起こっているのです。こうした説明を聞くと、何が長所で何が短所かなんて、分からなくなりませんか？

このような構造を理解したとしても、エゴに侵されている間は、長所と短所が同じだなんて決して思えません。しかし、思考やエゴの構造が分かってくると、その意味も必ず分かるようになりますのでご安心ください。「こんな自分ではダメだ」と言っている自分そのものがエゴであり、ナンセンスなことだと分かるようにもなりますので、諦めずについてきてください。

## 全てのものは「対」になって存在している

少し哲学的な話になりますが、世の中の全てのものは「対（ペア）」になって存在しています。「表」と「裏」、「プラス」と「マイナス」、「生」と「死」、「破壊」と「創造」、「陰」と「陽」というように、全ては「対（ペア）」となって同時に存在しており、どちらか一方

だけが、単独で存在することはできません。互いに、補い合って（相補関係）成り立っています。

分かりやすい例を挙げると、呼吸は「吸って」「吐いて」でセットになっています。子ども達向けの講演では、よく「身体の中でペアになっている部分を探してみよう」などと言って、ペア探しのゲームをしたりします。子ども達は、目も二つ、鼻の穴も二つ、手も二つ、足も二つ、口も二つ（口と肛門）……といった具合に、楽しみながら次々とペアを発見していきます。

人間に置き換えると、「男」と「女」がそうです。私達の生命は、「男」の遺伝子と「女」の遺伝子が混じり合って誕生し、「男」か「女」いずれかの身体を持ちます。身体自身は、どちらか一方の性ですが、遺伝子から見ると男女半々ずつで構成されています。

私達は、全てが対（ペア）という仕組みの中にいるのであって、この当たり前の仕組みに「生命の理」が隠されていることを理解する必要があります。この事実を見落としていることで、「エゴの奴隷」と化しているのです。

ここ数年は、うつ病などの精神疾患が増えているせいか、「プラス思考」の大切さが至る所でクローズアップされ、関連する書籍もたくさん出版されています。しかし、思考の針をプラス方向へ振れば振るほど、その針はマイナス方向へも大きく振れるという当たり前

の事実を多くの人が見落としています。

「プラス思考」を勧められた人の中には、「プラス思考になれない自分」に葛藤し、余計に苦しむ人もいるでしょう。「プラス思考＝良いこと」という認識が根付くことで、そうなれない自分に対して「自己否定」の感情が芽生えるのです。これこそが、エゴです。

この話は、「優越感」と「劣等感」にも置き換えられます。「劣等感」が大きくなれば、人の上に立ちたいという気持ちが増幅され、上に立ったときの「優越感」も大きくなります。そうして生まれたエゴが、いじめやパワハラ、DV、虐待などの芽となっていくのです。自分の「優越感」を満たしたいが故に、相手を下に置くのです。

さらに言えば、「攻撃」の対（ペア）には「防御」があり、「支配」の対（ペア）には「従属」があります。これらも、同時に存在するもので、どちらか片方だけが存在することはできません。

「異議あり！『攻撃・防御』や『自立・依存』は確かに理屈では対（ペア）になっているけど、『長所・短所』や『プラス思考・マイナス思考』のように、1人の人間の中に同時に存在するものじゃないだろう。」

そう考える人もいることでしょう。確かに、これらの対立軸は「人対人」の関係性においてのみ、成立するように思えます。しかし、そうではありません。「攻撃・防御」も「支配・従属」も、それぞれ一人の人間の内面に同時に存在するものなのです。

例えば、夫と私は、外面的には夫が「攻撃（支配）」、私が「防御（従属）」という関係にあるように見えました。夫が私に暴力を振るい、「攻撃」することで私を「支配」しようとしたからです。

しかし、**外面的な関係性の中で生じた現象というのは、内面の関係性に同じものがない**

図3　私と夫の関係性（いじめの構造図）

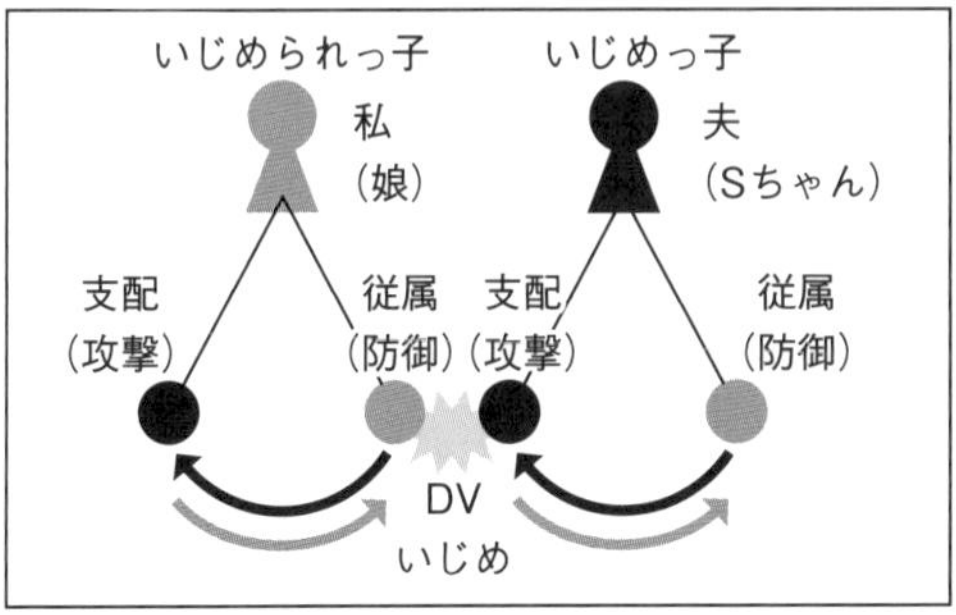


限り、表に出てくることはありません。いわゆる「外面＝内面」の対（ペア）として成り立っているからです。

外面的に相手を支配できたということは、夫の内面にも、「支配する自分」がいると同時に、「従属する自分」もペアで存在しているということです。一方の私にも「従属する自分」がいると同時に、「支配する自分」もいます。

その関係性を表したのが図3です。夫と私の外面的な関係性においては、夫が「支配」という攻撃性のエネルギーを外面（相手）にむき出しにしたことで、私は「従属」という防御性のエネルギーを外面（相手）に出していました。

「弱い犬ほどよく吠える」ということわざがあります。夫の内面には強力な「自己否定」の感情がありました。その弱さを覆い隠すため、私を「攻撃」し続けることで、「攻撃」されることを防ぐという「防御」をしていたのです。

つまり、お互いに自分が自分に対して、攻撃性（防御）のエネルギーを与えていたことが原因だとも知らずに苦しみ続けてきたのです。

どんな人も「攻撃」と「防御」、「支配」と「従属」などの両面を持っています。その振り子が、どちらに触れるかは相手との関係性によって変わってきます。私が夫とは全く異なるタイプのパートナーからDVを受けたのも、私が陥っていた「従属」と「支配」の振り子と、パートナーの陥っていた「支配」と「従属」の振り子が、磁石のように引き寄せ合ったからです。

子ども同士のいじめも、構造は同じです。**互いにエゴに侵された子ども達が、同じ「自己否定」の感情を持つことで引き合い、ガシャンとぶつかっていじめが生まれるのです。**

しかし、外面的には、どちらか一方が攻撃性を表に出しているので、どうしても「いじめっ子」がフォーカスされがちです。しかし、「いじめられっ子」も、同じだけの激しい攻撃性を自分の内面に向けているのです。その内面の自分への攻撃性が、外面のいじめっ子（他者）からの攻撃性を引き寄せているということです。一方、「いじめっ子」が、なぜ外面の相手に対して攻撃性を向けなければならないかというと、内面に「いじめられっ子」と同じ「自己否定」の感情を抱えているからです。「いじめっ子」と「いじめられっ子」は、**表面的（外面）には、全く違う特性を持っているように見えますが、エゴの構造から見ると、全く同じ特性を持っていることが分かります。**

子どもの場合、「いじめっ子」が転校した先で、「いじめられっ子」になることもあります。また、「いじめっ子」と「いじめられっ子」の関係性が、時間とともに逆転することもあります。それは、いじめが前述のような構造で成り立っているからです。

このように見ても、私達人間は内面に対（ペア）となる要素を併せ持つ、矛盾に満ちた存在であることが分かります。すなわち、矛と盾を同時に持っているのが、エゴなのです。そして、男性（精子）と女性（卵子）から生まれ、両方の遺伝子を有しているにもかかわらず、どちらか一方の性で生まれてくる時点で、アンバランスな危うさをはらんでいるのです。

## ●「自己中心的な人」と「他者中心的な人」は本質的に同じ

最近の若い人は「ジコチュー」という言葉をよく使います。「自己中心的」の略で、自分本位な行動が目立つ人を揶揄した言葉です。

しかし、「あの人はジコチューだから」などと揶揄する人自身が、自己中心的ではないかといえばそんなことはありません。そう言う人ほど、他者に気を遣う「思いやりに満ちた自分」が好きだったりします。見方を変えれば、他者中心的な人も、自己愛の強い「ジコチュー」な人なのです。

こうして見てきても分かるように、私達人間は「善」と「悪」の思考に振り回されていることが分かります。思いやりの心を持つこと、周囲と協調すること、計画的に行動すること、感情的にならないこと……。ありとあらゆる特性に、「善」あるいは「悪」のレッテルを貼り、それを強く意識しながら生活しています。そして、時に守れない自分を嫌悪し、自己否定をするなど、思考に振り回された結果として、周囲を攻撃したり周囲の攻撃を引き付けたりしているのです。

しかし、よくよく考えてみてください。思考はそもそも、円滑な生活を送るための知恵、あるいは道具にすぎないはずです。仕事をするときに企画やアイデアを練ったり、買い物をするときに収支を計算したり、家事をするときに手順や効率を考えたりするために、活用すべきもののはずです。それなのに、**私達はその道具である「思考そのもの」に振り回され、翻弄され、いじめやDV、虐待、パワハラなど、さまざまな問題を引き起こしているのです。**実に馬鹿げた話だとは思えないでしょうか。

また、「自己中心的な人」は、一見他人のことなど一切気にしていないように思われますが、実は「相手からどう思われているか」という思考に支配され過ぎた結果として、自己中心的な行動をとるしかない状況に置かれています。ですから、本人は、自分が自己中心的な行いをしていることに気が付けません。

一方、「他者中心的な人」は、一見ものすごく他者を労り、他者を理解しているように見えますが、内面では全く他者に関心などない冷酷な自分を自覚しています。そんな自分が嫌で、他者を中心とした生き方を無意識にしているのです。どちらかと言うと、「他者中心的な人」の方が強固なエゴに侵されているケースが多く、「あれだけやってあげたのに……」という相手への攻撃性を無意識に持ち続けていくのです。

私は、小さな頃から長女に「あなたは本当に可愛いね」と言い続けてきました。その結果、長女は周囲から「可愛い」と言ってもらえないと、不安を覚えるようになり、そう言ってくれる人の所にしか寄り付かなくなってしまいました。このように、子どもは「可愛い」と言われれば、「自分は可愛いんだ」と認識し、その長所に磨きをかけることで、自分の居場所を確保しようとします。要は、相手の欲求が自分の欲求かのような錯覚を起こしてしまうわけです。

これは大人も同じで、多くの人は「他者の視線」で自分をつくっています。会社にも「上司に好かれたい」と思ってご機嫌を取る部下はいますし、家庭でも「夫に愛されたい」と思って懸命に尽くす妻はいます。これらは「承認欲求」という言葉でくることができますが、期待通りにいかないと、「なぜ、評価してくれないんだ」「なぜ、愛してくれないの」という憎悪感や理不尽さに変わることになります。欲求は、エネルギーでもあるのです。

こうした話をすると、「俺は、あまり周囲の評価を気にしないタイプなんだよね」と言う人がいます。しかし、そう豪語する人が、他者目線で自分をつくっていないかというと、そうではありません。実際には、「他者の目を気にしない自分」を意識し、そう振る舞っているだけなのです。

つまり、**「自分は自己中心的」**と言う人も、**「自分は他者中心的」**と言う人も、**本質的には同じで「相手にどう思われているか」**という世界の中で生きているのです。現代社会では、そうした価値基準に支配を受け続けている人ほど、疲労感やストレスを強く感じているはずです。

## 思考パターンは、何世代にもわたって連鎖する

他者の視線でつくられた自分——その出発点がどこにあるかと言えば、ほぼ例外なく両親（両親がいなかった場合は、子ども時代に親と同じくらい影響力があった人）です。両親をどう見たか、あるいは「両親は私をこう見ていたであろう」という勝手な思い込みによって、子どもの「世の中を見る眼鏡」は形成されていきます。推察（妄想）という脳で

作り上げられたバーチャル世界を見ていると言っても過言ではありません。最近VRゲームが人気ですが、私達は現実世界においても、VRメガネをかけているのと同じような状況の中で生きているのです。

例えば、幼少期に「片づけができて偉いね」と親に褒められれば、子どもはそれを自分の長所と認識することでしょう。さらに言えば、「片づけができる人」「できない人」という物差しでもって、他人を見るようになります。

それとは逆に、親から「片づけができない子ね」と叱られれば、子どもはそれを自分の短所と認識します。この場合も同様に、「片づけができる人」「片づけができない人」という行動評価の物差しで、他人を見るようになります。

しかし、前述したように、親がレッテルを貼った長所と短所は表裏一体の関係にあり、「善」と「悪」で仕分けできるものではありません。にもかかわらず、子どもは親の認識を通じて長所や短所を認識し、思考パターン（旧式思考）を形成させ、苦悩や葛藤を抱いてしまいます。

長女には発達障害の傾向があったため、私はよく「うちの子は変わっている」などと周

図4　あなたの「長所」と「短所」を挙げてください。

| | 長所 | 短所 |
|---|---|---|
| 子ども | ・運動が得意<br>・面白いところ | ・だらしない<br>・片づけができない<br>時間を守れない |
| 母親 | ・きちんとしている<br>・きれい好き<br>・几帳面 | ・感情的になる<br>・おしゃべりが過ぎる |

（対になっている）

囲に漏らしていました。しかし、そうした言葉を伝え聞いた長女は、「自分は変わった子なんだ」と思い込み、次第に「自己否定」の感情を抱くようになったと思われます。

こうお伝えすると「子どもに投げ掛ける言葉は気を付けないと……」と思う方もいらっしゃるかもしれません。しかし、「認識」というものは言葉に出さずとも、無意識に相手や自分をコントロールしてしまうものなのです。

**図4**は、とある母子ペアに書いてもらったアンケートです。「あなたの長所と短所を挙げてください」という質問への回答ですが、注目したいのは「母親が書いた自身の長所」と、「子どもが書いた自身の短所」が、見事なまでに「対（ペア）」になっている点です。母親が「きちんとしている」と自負しているのに対し、子どもは「だらしがない」と卑下していることが分かります。

これは、母親自身が大事にしている価値観を、子どものためを思って「きちんとしなさい」「片づけをできないのが、あなたの悪いところ」などと子どもに認識させた結果、子ども自身が「だらしがない」「片づけができない」などを短所として認識したことを示しています。おそらく、母親自身も幼少期に「きちんとしなさい」と言われて育ったことから、そうした価値基準が形成されたのでしょう。

これとは逆に、母親が「だらしがない」という短所を挙げ、子どもが「きちんとしている」という長所を挙げるケースもあります。母親のだらしなさを見た子どもが、反面教師的に「自分がきちんとしなければ」と考え、長所として認識したのかもしれません。

しかし、前述したように、どんな人も「きちんとしている」「だらしがない」の両面を持ち合わせていて、それが振り子のように右へ行ったり、左へ行ったりしているだけにすぎません。つまり、各々が長所・短所と認識しているものは、本質的に備えた資質でも何でもなく、ただの思考にすぎないということになるのです。

こうした思考は、必ず親から子へと受け継がれていきます。私はこれを「思考パターンの世代間連鎖」と呼んでいます。私自身がそうであったように、幼少期に虐待を受けた人が自身の子どもに虐待をしてしまうのは、こうした構造の下、思考パターンが親子間で連鎖してしまった結果です。同じことはDVにも言えて、父親のDVを見て育った男の子が結婚後にDVをしてしまうケースは少なくありません。ちなみに、私の曽祖母は、DVが引き金となって命を落としています。

いじめに関してみても、子どもの頃に「いじめられっ子」だった人は、高い確率で子どもも「いじめられっ子」になります。これは、控えめな性格的特性が遺伝するからではなく、自分をいじめる思考パターンが世代間で連鎖するからなのです。長女に対するいじめが解消したのも、**親である私自身が「自分いじめ」の思考パターンを理解したことで、長女の「自分いじめ」がなくなり、思考パターンの連鎖が断ち切られたからです。**

もう一つ、親が子ども時代につらい体験をして、そのことを子どもに繰り返してほしくないと思うばかりに、それを防ごうとした結果、子どもが同じようにつらい思いをしてしまうパターンもあります。振り子の原理を思い出してください。

思考をプラス方向に動かそうとするエネルギーの源は、マイナスにほかなりません。ですから、我が子に同じ目に遭わせないようにすることよりも、自分自身が幼い頃に無意識に思い込んでしまった心の傷を、1日も早く解放させることが先決なのです。

このことからも分かるように、我が子への不安や心配は、自分自身の幼少期の未消化の感情がそこにあるから湧いてくるのです。**お子さんのいらっしゃる方は、子育てを通して、自分自身の子ども時代を見直していく作業が、代々ではまり込んでいる旧式思考に気付く**

上でも良きチャンスにもなります。

子どもは、両親の夫婦関係を見ながらエゴを形成していきます。私の場合、「家族を愛さない自分勝手な父親」と「献身的に家族に尽くす母親」を見ながら育った結果、「家族（女性）を大事にできない人（男性）は人間的に欠けている」との思い込みが形成されていきました。その結果、自分の長男と長女がけんかをしたときなどは、必ず長女側に加担していました。私自身の虐待の矛先が常に長男だったのも、父親と母親の関係性を見てきたことと無関係ではありません。

亭主関白な父親の下で育った女性の中には、父親とは違うタイプの夫を選ぼうとする人がいます。しかし、実際に結婚してみたら、両親と同じような関係性になってしまっているケースは少なくありません。それは、その女性が父親と母親の関係性を見て築いてきた思考パターンの帰結と見ることもできます。

このように、エゴの世界から見たら「対（ペア）」になっている様子が苦痛に感じてしまいますが、生命の構造という視点から捉えると、状況は全く変わってきます。夫婦を見たら分かるように、例えば、父親が口うるさくて社交的な人であったとしたら、母親は物静かで内向的な人という組み合わせが多いことに気付きます。また、例えば両親のどちらかがいない家庭で育った人が、それを補うかのように、良くしてくれる教員や友人関係に恵まれるというのも、生命の構造上起きる相補作用なのです。私は「**生命の理**」とは、なん**と見事なバランスでできているのか**といつも感動してしまうのです。

## 人間は一部分しか見ることができない

前述した通り、親は子どもの言動を見て、「長所」や「短所」を指摘します。しかし、親が見ているのは、子どもの一部分にすぎません。そこだけ切り取って、「長所」「短所」などと評価し、子どもの思考パターンに多大な影響を及ぼしているのです。

一方の子どもも、親の一部分しか見ていません。親の言動の一部だけを捉えて、「自分はだらしがない」「自分は協調性がない」などと短所を認識し、間違えた自己イメージを形成してしまうのです。

人間は、いったん「そういうものなんだ」と思い込んでしまうと、脳のホメオスタシス機能によって、その思い込みを外していくことが難しくなります。人間の記憶というものは、往々にしてネガティブなものが残りがちです。脳は生命の維持の役割を担っているため、リスクをより強固に記憶するようにできているのです。

子ども時代の思い出を振り返ってみると、悲しかった出来事ばかりが脳内のアルバムに貼り付けられている人は少なくありません。

ある女性は、幼少期に両親から愛情を注いでもらえず、「なぜ、兄ばっかり可愛がられるんだろう……」と思いながら育ったと言います。そして、「自分なんか生まれてこなければよかった」と考え、「欠乏感」を抱き、周囲からいじめを受けてきたそうです。

しかし、ある日「自分は愛されていない」というのは、彼女の勝手な思い込みにすぎなかったことを理解しました。その瞬間、掃除をしていたら幸せそうな顔で両親に抱かれる自分の写真がたくさん出てきて、愛されていた記憶がよみがえってきたそうです。

「木を見て森を見ず」ということわざがありますが、一部分を見て全体を判断してしまうような話は、古今東西を問わず、至るところにあります。

同様に、親は子どもの一部分だけを見て、長所や短所などを決めつけてしまいがちです。また、子どもは親の一部分だけを見て、自らの長所や短所を認識します。

人間社会においては、一人の人間に対し、ある人が「ポジティブ」「明るい」との印象を抱いたのに、ある人は「ネガティブ」「暗い」との印象を抱いたというような話が珍しくありません。人間はそれだけ複雑かつ多面的な存在で、外側から見ただけでは捉えきれないのです。

しかし、幼少期における親の影響は絶大です。そのため、親が子どもをどう見たか、子どもが親をどう見たかによって、子どもの思考パターンが形成され、その特性は何世代にも渡って引き継がれていきます。

こうして見ても分かるように、**人間は「思い込み」の世界で生きているのです**。何十年もの間、「優しい」「頑張り屋」「几帳面」など長所として認識してきた部分も、「自分勝手」「怠け者」「だらしがない」など短所として認識してきた部分も、親子関係を中心に形成された思い込みにすぎません。

加えて、長所の裏側には必ず短所があり、長所を伸ばせば、短所も伸びます。短所をなくせば、長所も消えるのです。こうして考えても、長所と短所を考えることがいかにナンセンスか、お分かりいただけると思います。

今度は、**図5**を見てください。有名な「ルビンの壺」です。この絵から何が見えるでしょうか。そうです。両サイドに人が向き合う絵と、真ん中の壺です。人間の目は、壺を見ている間は、両サイドの人の姿が背景に溶け込みます。逆に、両サイドの人の姿を見ている間は、壺が背景に溶け込みます。

図5　ルビンの壺

図6　右側の人に入り込んだ姿

図7　右側の人から見た景色

このように、**私達の目は、二つのものを同時に見ることができない仕組みになっている**のです。

次に、この絵の中に入ってみましょう（**図6**）。両サイドの人のうち右側を自分だと思ってください。あなたからは、どんな景色が見えていますでしょうか。そうです、相手の顔だけが映っています（**図7**）。自分の顔も、壺という空間の形も全く見えないのです。

**私達は、何もかもが「部分」でしか見えていない**ことをお分かりいただけましたでしょうか。私達が見ている世界というのは、ほんの一部分だけをちょっぴり覗いているだけにすぎません。にもかかわらず、「全てを見ている」と錯覚を起こして人生を歩んでいるのです。

## 目に見えているものは全て「反転」している

ここまで読んでいただいて、人間は「自分のことは何も分かっていない」という事実をご理解いただけたと思います。さらに、私達が見ている世界には、驚くべき真実があります。それは、**全てが「ひっくり返っている」**ということです。「まさか」と思う人もいると思いますが、事実です。日常の中に、それを裏付ける現象が至る所にあります。

例えば、私達は太陽や月が地球の回りを動いているかのように見えています。しかし、実際に動いているのは太陽や月ではなく、地球です。知識としてはそのことを知っていても、生活の中では太陽や月が動いているような錯覚を起こしています。

他にも、新幹線に乗って外を見ると、進行方向とは逆に外の景色が動いているように見えたり、また感覚的なことを挙げてもたくさんあります。一緒にいるときには、相手に対して分離感や距離感を感じていたのに、その人を失ったり離れたりすると、そうした感覚がなくなるどころか、むしろ一体感や親密感さえ感じたりするのもその一つです。こうした例のように「**ひっくり返っている感覚**」が、**実は現実世界の至る所で起きている**と聞いたら、皆さんはどう思うでしょうか。

「自分」だと思っていたものは、「相手」で、「相手」だと思っていたものは「自分」。「ミクロ」は「マクロ」で「マクロ」は「ミクロ」、「男」は「女」で「女」は「男」……。

ドラえもんの「あべこべ世界ミラー」みたいな世界が広がっているとすれば、驚かれるに違いありません。

こうした錯覚は、自分という身体を中心に物事を捉えることで起こります。「エゴのトリックワールド（※3）」とでも言いましょうか。

図8　人の空間認識を可視化した図

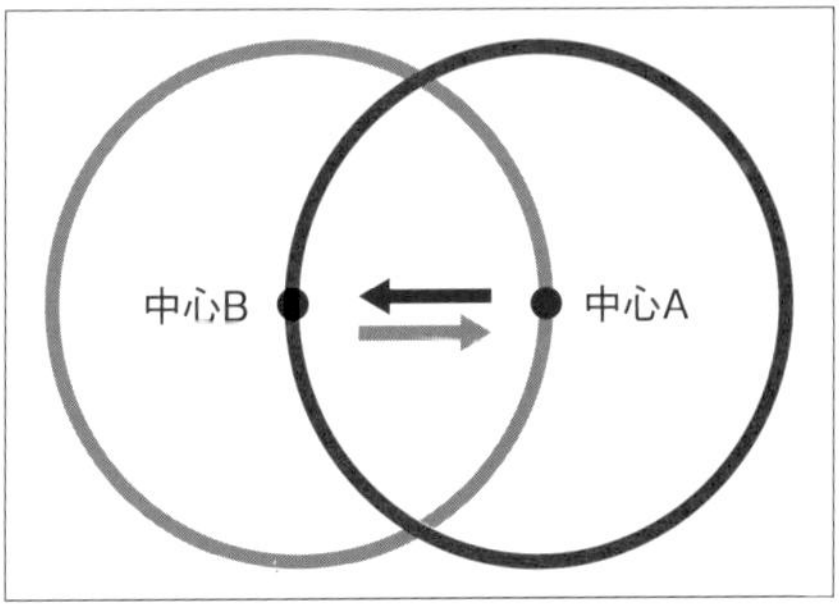


もう少し分かりやすく説明しましょう。私達の認識作用を可視化したのが**図8**です。この図を理解すると、世の中が反転してつながって見えていることが分かります。

この図の「中心A」が自分だとします。自分から相手というBを「見ている」というように私達は感じていますが、中心B側の円周上にあるAでもあり、AはBという相手に「見られている」ことにもなります。また、「中心B」から見たら、Aを「見ている」と思っていますが、中心A側の円周上にあるBでもあり、実はBはAに「見られている」ことにもなります。両者は歯車のように逆回転しています。

ここでお伝えしたいことは、「見ている者」と「見られている者」は、実はメビウスの帯のようにつながっており、反転しているという事実です。もっと極端な言い方をすると、「見ている人」は「見られている人」を生み出し、「見られている人」は「見ている人」を生み出している、ということです。

もう少し、具体的に説明してみましょう。日常の中で、自分が忙しくしているのに、周りの人がさぼっていてイライラすることはないでしょうか。次ページの4コマ漫画では、職場の一場面を取り上げましたが、家庭の中でも妻が一生懸命家事をやっているに、夫がソファーでゴロゴロしていて、腹を立てた妻がブチ切れ！なんてことがあると思います。

実は、これも二人の関係性の中で引き起こされた現象です。端的に言えば、「自分がやらなければいけない」という無意識の思い込みが、「やらない相手」を作り出してしまっているのです。しかし、当の本人は、「相手がやらないから私がやるしかない」と感じているの

※3 「エゴによる〝存在〟奴隷化現象」の別の言い方

で、状況は全くの逆です。

「じゃあ、私がやらなければ、相手がやるんですか?」との声が聞こえてきそうですが、そうした質問をしている人自身が、すでに思考のスパイラルにハマっていることに気付いていただきたいのです。質問に対する答えは、「NO」でも「YES」でもありません。答えても意味がないからです。

このように説明すると、中には「じゃあ、そういう仕組みになっていると理解したらいいんですね」と、やや他人事のように答える人もいます。でも、これもスキル思考（※4）に侵された人の答えです。鋭い感覚を持った人なら、きっとこう捉えたことでしょう。「あっそうか。だからイライラしていたんだ！」と。そうです。それが、本質を理解した人の反応です。本質を理解したら、「理解したらいいんですね」とは言いません。また、「自分がやらなければいけないと思って頑張ってやっていたことを手放したら、相手が勝手にやってくれていた」などの現象が次第に起き始めたりします。

すると、思考のスパイラルにハマっている人は、今度は「そうか。手放せばいいんだな」と、「手放す」というスキルを目的化して、うまくいかないのがオチです。もう笑い話でしかありません。

このように、どこまでいっても思考は、グルグルとつきまとってきます。これを私は「思考の底なし沼」と呼んでいます。私達が長年培ってきたスキル思考というものが、些細なことも含め、次から次へと思考の世界へと巻き込んでいくわけです。

大人になるほど、「思考の底なし沼」は複雑で脱出困難であるのも事実です。「いじめが

※4　スキル思考とは、対処法を考え出す思考のこと。「どうしたら？」「どうやったら？」と、常に問いが出てくることが特徴で、何でも技術的に物事を解決しようとする思考のことを指す。

終わる方程式」に対する理解が、子どもの方が早いのは、底なし沼の複雑さと関連しているのかもしれませんね。

もう少し細かく見てみましょう。49ページの「メビウスの帯」の例題を思い出してください。

Aさんは「何事にもよく気付く(長所)⬇神経質(短所)⬇おおらか(長所)⬇鈍感(短所)」

Bさんは「鈍感(短所)⬇おおらか(長所)⬇神経質(短所)⬇何事にもよく気付く(長所)」

という形で、二人が同時に逆回転運動を起こしているので、実際には、同じ思考のパターン同士によってトラブルが起きていることに、当の本人達は全く気付くことができません。

この例題は、「他者へ気配りができること（思いやり）」が良いと思っている人同士で起きるパターンなのですが、自分が「何事にもよく気付く」という思考と同一化しているときには、相手は「鈍感（気が回らない）」に見えます。しかし、回転運動を起こしているので、相手に対して「よく気が付く」と感じたときには、自分は「鈍感さ」に同一化しているので、これを改めようとします。そうして再び「何事にもよく気付く」自分になろうとすると、再び目の前には「鈍感」な人が

現れ、イライラします。

つまり、この思考のスパイラルの中にいる限り、AさんとBさんはトラブルから脱出することができません。それは、**相手を変えても、環境を変えても同じで、似たようなトラブルを起こし、悩みが永遠に消えないカラクリの中に私達は入り込んでしまうのです**。そうしているうちに出口を探すこともできなくなって、思考停止に陥ったり、悩みが重なって八つ当たりしたりと大変です。

さて、話を本題である「いじめ」に戻しましょう。前述の説明によって、「いじめっ子」と「いじめられっ子」が同じであるということは、ご理解いただけたと思います。

しかし、同じだからといって、いじめが許されることだとは言っていません。いじめをしてしまった加害者が、その罪を償わねばならないのは当然なことであり、いじめがいけないことは、大前提としてお伝えした通りです。いじめによって、大切なお子さんを失ってしまったご遺族のお気持ちを考えると、本当にいたたまれない気持ちで一杯になります。

しかし、ここではメカニズムとして、考えていただきたいのです。「いじめっ子」の最大の復讐は自殺です。「いじめられっ子」が自殺をすれば、「いじめられっ子」は世間から猛烈なバッシングを浴びて「いじめられっ子」となり、十字架を背負って生きていくこととなります。そして、当事者だけでなく、家族や親戚までをも苦しみのスパイラルへと巻き込んでいくこととなります。

「そんなことは、当たり前の報いだ」と言う人もいるでしょう。しかし、「エゴによる〝存在〟奴隷化現象」という視点から見たら、どちらも被害者だという事実を私達は理解する必要があります。この苦しみのスパイラルから脱出し、相手を償わせることよりも、償わせる必要のない世界、すなわち「いじめが存在しない世界」へ移行していきたいとは思わないでしょうか。大切に、大切に育てた我が子が、いじめなんかで命を絶ってしまう世界から、さっさとお別れをしたいとは思わないでしょうか。

前述したように、私達が見ているものは全てひっくり返っていて、私達は「エゴのトリックワールド」の中にいます。この世界では、エゴの構造上、片側を「善」としたら、もう片側に「悪」が必然的にくっついてきます。だから、永遠に戦いが終わらないのは当然です。時にそれが個人の中で、あるいは他者との間で、地域間で、国と国との間で……といった具合に、フラクタル構造（※5）のようになっているのが現在の世の中なのです。

## 世の中に「完璧な人間」など存在できない

多くの人々は、「善き人」になりたいと考えています。中には、どこから見ても非のない「完璧な人間」を目指している人もいるかもしれません。

しかし、結論から言えば、**世間一般が考える「完璧な人間」など、この世に存在しませんし、存在できません**。なぜなら、長所の裏側には必ず短所があり、長所だけがあるという状態が、理論的にあり得ないからです。ここまで何度もお伝えしてきましたので、その意味はもうご理解いただけると思います。

それでも、「いや、そんなことはない。私の友人の○○さんは欠点が一つもなく、完璧な人だ」と豪語する人もいるでしょう。しかし、それは一部分だけを切り取って見ているからにすぎません。実際、入社したときは、「憧れの人」だった先輩が、時間の経過とともに、「ただの人」になってしまうような話はたくさんあります。「聖人君子」のように見える人も、長く付き合えば粗が見えてくるもので、エゴという世界では、人格形成に完成もなけ

※5　フラクタル構造とは、幾何学の概念として用いられ、図形の部分と全体が自己相似（再帰）になっているものなどを指す。

れば、正解もないのです。

「エゴによる〝存在〟奴隷化現象」の視点から観たら、そもそも人間は、**図9**のように一部が欠けた状態で生まれてきます。誰もが生まれ持ってきたエゴがあり、だからこそ、両親を選んで生まれてくることができます。そして、例えば「他人と仲良くできない」「整理整頓ができない」など、欠けて見える部分は人それぞれ違っていて、多くの場合、両親の影響を色濃く受けて形成されます。そして、欠けている部分を「良くない自分」「直さないといけない部分」と捉え、さらには「何とかしなくては」という意欲と思い込みを持ち、「他人と仲良くできる自分」や「整理整頓ができる自分」を「良い自分」という理想や目標に据えます。そして、その目標に到達できない自分に不足感や欠乏感を覚え、同時に罪悪感も抱くようになるのです。言い方を変えれば、人は**欠乏感**があるからこそ、**理想や目標を持つことができる**のです。

「良くない自分」というのは、言い換えればコンプレックスです。「**コンプレックス**」＝

## 図9　欠乏感（目標）のイメージ図

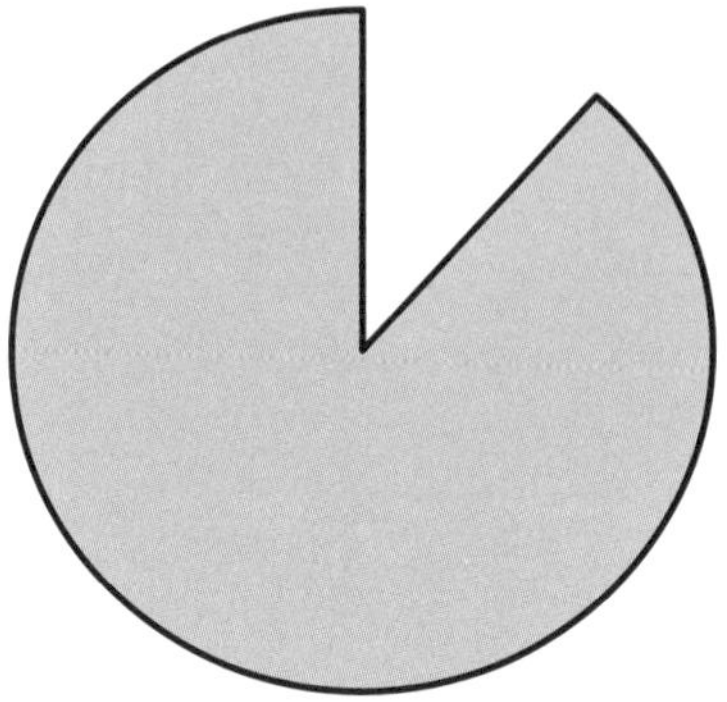

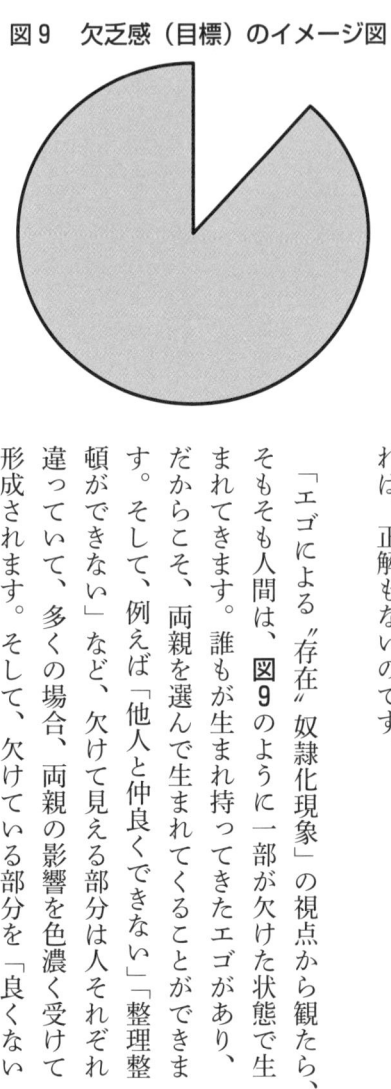

「理想」ということを知らないままにしていることで、欠けた部分をさらに埋め合わせようと、人は必死になって努力をします。それが達成されれば、ある程度の充足感は得られますが、欠けたピースの全てが埋まり、完全体になることはありません。一つのピースが埋まれば、新たな欠乏感とともに理想や夢が生まれ、それを埋め合わせようと苦悩・葛藤するからです。欠落を埋めれば埋めるほど、コンプレックスのお化けのような状況となり、気が付けば自分に自信を持てなくなり、うつの症状が発症したり、いじめの関係性を作り出したりするのです。

そう説明すると、「夢や目標を持つのが悪いという意味ですか?」との声が聞こえてきそうですが、そういうことではありません。夢や目標を持つのは素晴らしいことでもあり、そのことで自己実現を図っている人もたくさんいます。

脳科学の世界では、「ゴール設定をしよう」などとよく言われています。もちろん、それ自体、悪いことではありません。ただ、「ゴール設定」をしてうまくいくのは、エゴによる欠乏感・コンプレックスからの願望や理想を原動力とするのではなく、本当の自分自身からの叫びのような声や感覚を感じ取り、それを実行したときなのです。

ですから、1日も早く「エゴによる〝存在〟奴隷化」から脱出し、本当の自分自身を取り戻し、個性溢れたオンリーワンの人生を歩めるようになっていく必要があります。それこそが「いじめが終わる方程式」の最終目標であり、その時初めて「完全性」を体感することでしょう。**私達は、誰もがパーフェクトにできているのです。**

このように話すと、よく「自分らしく生きるということですね」と言われますが、そうではありません。ここまで読んできた人なら、「自分らしく」と考えることこそ、「エゴのトリックワールド」の中にはまり込んでいるという事実を理解する必要があるという考えにたどり着いたであろうと思います。

また、「私は私のままでいい」と考えてしまう誤解もよく耳にします。成長のプロセスとして見たら、自己を肯定していく作業は行っていく必要があるので、私も講演会などでは、そこからお伝えすることがありますが、本当はその先に進んでほしいのです。「他者と比べて劣っていてもそれでいいんだ。それは私の一部分、完成品を目指して頑張ることとは違うから関係ないんだ。私は私のままでいいんだ」という考えは、結局のところ他者と自分とを分離させた旧式思考であり、そう捉えている自分そのものがエゴによる奴隷化の中にいるのです。

また、「自由に生きることですか?」と聞かれることもありますが、そうした考えも誤りです。「エゴのトリックワールド」の中での「自由」という概念がまかり通れば、自由意思を通すやり方を正当化して、街中で赤信号を無視してもよいという話になります。決して、そうした次元の話をしているわけではありません。そうした「自由」は、「束縛」の元にある「自由」であり、束縛への反発や、間違った解放欲求にほかなりません。

## ●いじめが終わる瞬間とは

このPARTの最後に、実際にいじめが消えた瞬間の実例を紹介させていただきます。

道徳科の教科書には、素晴らしい教材もたくさん掲載されています。しかし、どんなに素晴らしい教材であっても、それを教える側の教員がエゴの世界にいては、全く違う内容として子ども達に受け取らせてしまいます。

紹介するのは、光村図書の小学6年生の道徳科教科書の中の「泣き虫」という教材です。実話を元にした話ということで、私がここまで説明してきた空間認識の理論が、見事なまでに盛り込まれています。

そのあらすじを簡単に説明します。あるクラスで、藤井くんという男の子が、クラスのみんなからいじめを受けていました。ある日、その様子を見た転校生の勇気くんが、いじめっ子のトオルくんに立ち向かい、ほっぺたにビンタをします。しかし、それを見たいじめられっ子の藤井くんは、「僕はいじめられていてもいいんだ」と言い、いじめられている現状を乗り越えようとしません。その姿に対し、勇気くんが「本当にそれでのいいのか？いじめられている藤井くん自身も、いじめっ子と同じ卑怯者だ」と泣き出すのです。その姿に影響を受けた藤井くんが、ようやく自分と向き合い、「いくじなし」の自分を受け入れて、いじめられっ子から脱出することを覚悟するのです。その瞬間、それを見ていた周りの子ども達が次々に涙を流し、いじめは消滅し、クラス全体が生まれ変わります。

この教材で一番重要なのは、勇気くんの勇気ではなく、いじめられっ子の藤井くん自身が「いくじなし」な自分を受け入れ、「いじめられていた原因は自分にあったんだ」と受け入れたことです。大切なのはここからで、自分を受け入れた藤井くんが、周りの他者に影響を及ぼし、他者の心をも解放させてしまったことです。これこそが「いじめが終わる瞬間」であり、私が最もお伝えしたいことです。一人の人間のエゴからの脱出が、多くの人に影響を与えるのです。

同じことの証明として、私の長女へのいじめは、私がエゴから脱出しただけで、終わらせることができました。さらには、娘だけでなく、夫のＤＶも終わらせることができたのです。

その他にも、教員が「いじめが終わる方程式」を知ったことで、クラスの子ども達がガラリと変わったなどの報告が届いています。体験された方々からは、「狐につままれたようだ」などのメッセージもよくいただきます。

つまり、「いじめっ子」や「いじめられっ子」に限らず、「**いじめが終わる方程式**」を理**解した第三者でも、いじめを終わらせることは可能**なのです。こうした現象が、なぜ起こるかといえば、前述の空間認識の構造に秘密があるからなのです。分かりやすい言い方をすると、この私達が暮らすエゴの領域は、『**合わせ鏡の世界**』になっているのです。だから、自分の問題が消えると、当然、そこに映しだされている「他者という自分」も変わります。しかし、エゴの世界からは鏡の世界には到底見えないので、「相手の振り見て我が振り直せ」というプラス思考によって、さらにエゴが強化されてしまうという顛末に至るのです。

「自分」と「相手」が鏡として等しくなれば、認識の反転現象は起こりませんし、当然、「認めてもらえない自分」「愛してもらえない自分」などに、苦しむこともありません。嫉妬や憎しみも起こらず、「自己否定」をする必要もなくなるでしょう。これが人間本来の姿であり、「あるがまま」の本当の自分自身なのです。

私達にとって、最も分かりやすい感覚を挙げるとしたら、やはり「感動」というものがそれに近いように思います。感動は、誰かのためでも自分のためでもなく、ただただ湧き上がってくる感覚です。誰かがそうやって感動をすると、そこから発せられる言葉やエネルギーによって、その感覚が周囲の人達へも連鎖していきます。

もし、誰もが本当の自分自身で日常のコミュニケーションができたら、「自分」と「相手」は消え去り、世界には「思いやり」や「愛」、「感謝」だけが残るのかもしれません。

あれあれ、もしかして『自己』と『他者』を意識しないで、長所と短所なんか気にしないで、本来の姿を受け入れる状況になればいいんだな」などとこのPARTを安易に読み解いてしまった方は、いないでしょうか。それこそが旧式思考の捉え方そのものであり、早くに終わらせていただきたいと思います。このPARTを何度か繰り返し読んでいただき、ご自身が日常の中で実践いただければ、必ずや「エゴの構図」がご理解いただけることと思います。ぜひ、チャレンジしてみてください。

**コラム**

## 「精神疾患」を疑う前に「栄養欠損」を疑おう！
## あなたや我が子の不調は、「鉄・たんぱく不足」が原因かもしれません!!

近年、発達障害やうつ、統合失調症などの精神疾患に苦しむ方々が増えている日本に、なんともうれしい朗報です。精神疾患の多くは、「鉄・たんぱく不足」が原因である可能性が高いということが、分子整合栄養学によって判明し始めてきたのです。「高タンパク・低糖質食＋鉄剤（ヘム鉄）」の食事療法によって、多くの患者が改善されているとの研究結果も出てきています。これら研究成果は、いじめ問題にも大きく関係してくることでしょう。

ＰＡＲＴ１で書いた通り、私は若い頃、精神科の閉鎖病棟に入院をしたことがあります。そこで多量の精神薬服用によって廃人のようになった方々と共に過ごした経験のある私にとって、この朗報は、涙が出るほどうれしい知らせです。

「鉄不足」は、普通の採血では計れない「フェリチン値」を測定することで分かります。何を隠そうこの私自身が重度の「鉄・たんぱく不足」だったのです。そこから、「高タンパク・低糖質食＋鉄剤（ヘム鉄）」の食事療法を試みたところ、信じられないほどの変化を体験しました。私が開催している子育て塾の受講者にも、分子整合栄養学による採血診断をお勧めしたところ、全ての方が「鉄・たんぱく不足」の診断を受け、そのうちの半数以上の方が「低血糖症」という結果となりました。さらには、「鉄・たんぱく不足」と診断された方のお子さんの半数以上が、「低血糖症」という結果も出ました。重度の引きこもりで、感情の起伏が激しく手に負えず、泣く泣く精神薬を飲ませていたお母さんが、我が子の苦しみは「低血糖症」の症状だったと分かったときの安堵の表情は今でも忘れられません。こうしたデータには、私も驚きを隠せませんでした。現代社会の食習慣が、いかに精神にも影響を及ぼしているか、お分かりいただけると思います。

### 鉄欠乏症貧血に見られやすい症状

| | |
|---|---|
| 全身 | 疲れやすい、スタミナ不足、冷え性 |
| 脳、精神 | イライラ、怒りっぽい、うつ、記憶力低下 |
| 皮膚、毛髪、爪 | 皮膚のくすみ、毛穴が目立つ、きめが粗い、髪にツヤやコシがない、爪が脆い |
| 免疫 | 風邪を引きやすい、悪化しやすい、長引く |
| 消火管 | 消化不良、下痢をしやすい |
| 成長期 | 落ち着きがない、成長不良、学習能力低下 |

▶慢性の場合は症状を自覚しない

### 低血糖の患者（600人以上）が訴える精神的な症状

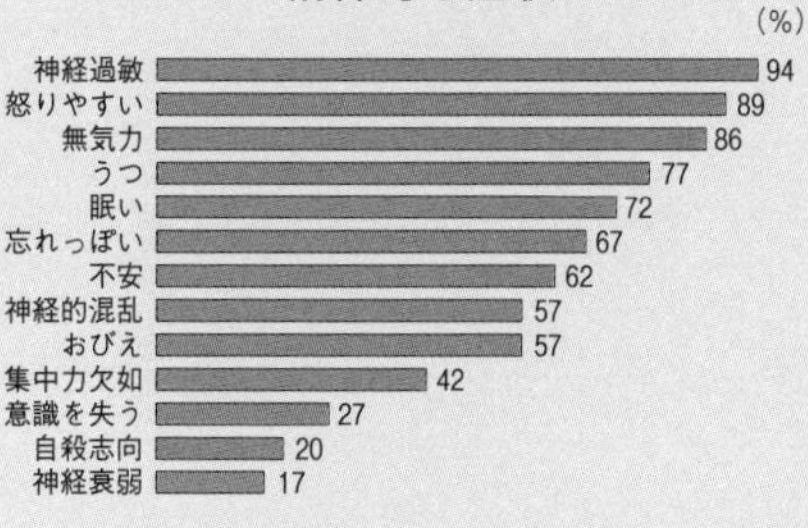

PART 3

# 「いじめ」を終わらせる授業

PART2 で解説したいじめの原理を踏まえ、この PART ではいじめを終わらせるための具体的方策、私がこれまで全国各地の学校で実施してきた「いじめを終わらせる授業」の内容を紹介したいと思います。

## ●いじめ防止プログラム「自分発見テクノロジー（いじめが終わる方程式）」

私がいじめ防止に向けた講演を始めて10年ほどになりますが、ここ数年は以前より多くの学校やＰＴＡ、自治体などからお声掛けをいただくようになりました。

要因は大きく二つあると考えています。一つは、いじめ問題がこれまで以上に深刻化していることです。「いじめ防止対策推進法」が制定され、この問題に対する社会的関心が高まっているにもかかわらず、いじめによる自殺事件が後を絶ちません。私の講演会にも、実際にお子さんがいじめを受けている方が、数多く足を運んでおられます。

もう一つは、これまでの手法ではいじめが解決しないことに、多くの関係者が気付き始めているからです。子ども達に「いじめはダメ」と繰り返し伝え、学級の絆づくりに取り組み、道徳を教科化しても、いじめは一向に減る気配がありません。この問題はもっと根源的な部分から考えていく必要がある――そんな関係者の気付きが、「いじめが終わる方程式」という全く新しい手法への関心を呼んでいるのだと思います。

私が現在、小学校や中学校で実施しているプログラムは「自分発見テクノロジー（いじめが終わる方程式）」と呼ばれるものです。その主たる狙いは、ＰＡＲＴ２で述べた「本当の自分自身」という「存在」の仕組み、「自己」と「他者」との関係性を子ども達に理解させることに置いています。驚くかもしれませんが、「いじめはいけません」「友達と仲良くしましょう」などと、直接的な言葉を子ども達に言うようなことは一度もありません。かわりに、子ども達の「見え方」「捉え方」を変えることで、「いじめが存在し得ないような状態を作る」ことを目指してプログラムを組み上げています。いわば、**意識の変換を促すことの入口となる授業で、人間の認識について子ども達に伝えています。**

学校で実施しているいじめ防止プログラム「自分発見テクノロジー」の様子

間違えないでいただきたいのは、「見え方」や「捉え方」を変えればいい、と単純な話をしているわけではありません。主たる狙いは、「存在」からの輝きともいえる「思いやりあふれた真の自分自身」を取り戻すために、従来のプラス思考（片側を良しとした）をベースにした「旧式思考」からの脱出を図ることです。決して、「物事を良いように捉えましょう」という話ではありませんので、その点は押さえていただきたいと思います。

私の講演や授業は、子ども達を対象に実施することもあれば、学校の先生や保護者、一般の方々を対象に実施することもあります。その中から、このＰＡＲＴでは小学校高学年を対象に実施しているものの内容を「ライブ形式」で紹介していきたいと思います。私が、子ども達に話した内容をそのまま文字に起こした形になっていますので、各学校の先生方はこれを参考にしながら、ご自身の学級で実施してみてください。

また、今後は単発の講演会や道徳授業ではなく、継続的に子ども達に伝えていけることを私は目指しています。そのためには、大人の理解が急がれます。「いじめが終わる方程式」は、いじめの「対症療法」の一つではありません。この本を手にされた方々が、そんな私の思いと、本質的な考えを受け取ってくださることを切に願っております。

## 「自分発見テクノロジー（いじめが終わる方程式）」小学校高学年向け授業

皆さん、こんにちは！　今日は普段の授業と違って、リラックスしながら、楽しみながら参加してください。

皆さん、自分の命は大切にしていますか？　皆さんは大切にしていると思いますが、大人の中には、自分の命を大切にできなくなってしまう人もいます。今日の授業では、これから先、皆さんがそうならないようにするための話をします。

自分の命を大切にするためには、「自分の仕組み」を知ることが大切です。自分のことを知らないと自分のことを大切にできないし、相手のことも大切にできないからです。だから、今日の授業では、皆さんが「自分の仕組み」を知り、本当の自分を「発見」するための方法について話をしていきます。

## STEP1 「生まれる(生命《いのち》)」という仕組みを知る

まず、自分を知るために最も重要なことは、「生まれる（生命《いのち》）」という仕組みを知ることです。皆さん、私達人間がこの世に生まれて来られる確率を知っていますか？ ちなみに、年末ジャンボ宝くじで7億円が当たる確率は2000万分の1です。一方で、人が生まれて来られる可能性は、1400兆分の1しかありません。つまり、年末ジャンボ宝くじで7億円が当たるよりもはるかに低い確率でしか、人は生まれて来られないのです。もはや、生まれてきたこと自体が奇跡なんです。

皆さんには、ご先祖様がいると思います。果たして、何人くらいのご先祖様がいると思いますか？ 誰にでも、お父さんとお母さんがいて、おじいちゃんが2人、おばあちゃんが2人います。だから2代目まで遡って合計6人です。3代目までだと14人、4代目までだと30人になります。そうやって7代目まで数えると、ご先祖様の数は実に254人にも上ります。7代目というと、200~300年前ですから、江戸時代の中頃です。それほど遠い昔の話ではありません。

**【ワンポイントアドバイス】ここでは、今、両親がいるか否かは関係なく、「生命《いのち》という仕組み」から見たら、誰もがこの仕組みの中で存在するという事実を伝えます。**

これを図に表したのが**図1**です。自分という存在が、ものすごい数のご先祖様によって作られているのが分かります。この図は7代目までしか表していませんが、8代目、9代目、10代目……と遡り続ければ、その数は何千人、何万人、何百万人……と、天文学的数字になっていくでしょう。

ところが、これら膨大な数のご先祖様のうち、誰か一人でも存在しなかったとします。あるいは、戦争で死んでしまっていたとします。すると、どうでしょうか。その子どもが消え、さらにはその子どもが消え……という形で、自分自身も消えてしまいます（**図2**）。

このように、皆さんはご先祖様一人一人が生命《いのち》をつないでくれたことによって、奇跡的に

図1

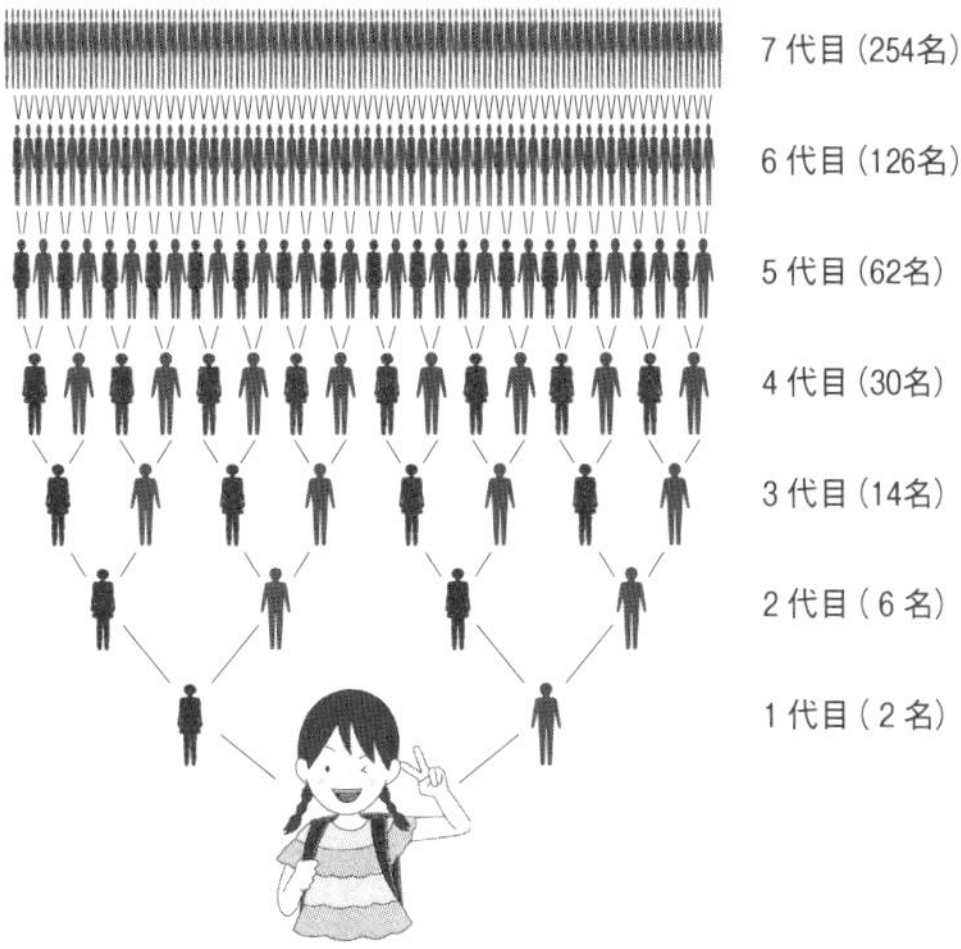
7代目（254名）
6代目（126名）
5代目（62名）
4代目（30名）
3代目（14名）
2代目（6名）
1代目（2名）

図2

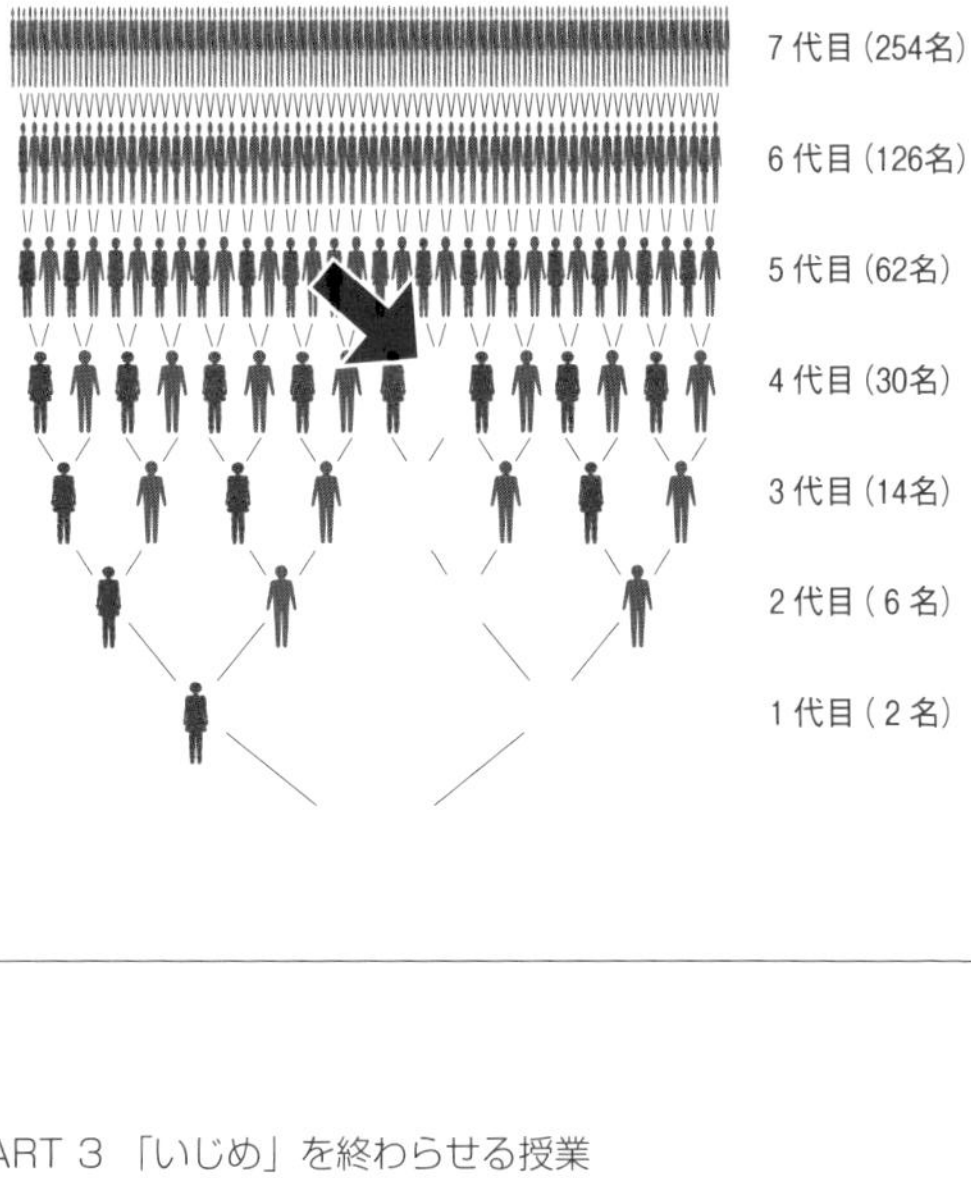
7代目（254名）
6代目（126名）
5代目（62名）
4代目（30名）
3代目（14名）
2代目（6名）
1代目（2名）

存在しているのです。

つまり、**私達は奇跡の連続によって生まれてきた**ことが分かります。この世に、生まれてきただけで、それはもうこの上なく素晴らしく、喜ばしいことです。なのに、なぜ「自分はダメな人間だ」なんて、思わなくてはいけないのでしょうか。奇跡の連続によって存在する尊い命、それを大切にしないなんて、そんなに馬鹿げた話はありません。

同じことは、他人の生命《いのち》についても言えます。お友達の生命《いのち》も、1400兆分の1の確率でこの世に誕生し、数えきれないほどのご先祖様の生命《いのち》によって、つながれてきたものです。そんな尊い生命《いのち》であり、尊い存在だということを忘れないでください。

また、皆さんには見えないところで、ご先祖様が生命《いのち》の根を張って、今の自分を作ってくれていることを忘れてはいけません。そう考えると、もしかしたら皆さんが今感じていることは、たくさんのご先祖様が感じていることと、つながっているのかもしれません。

そして、もし生きることを「つらい」「しんどい」と感じている人がいたら、これら何百人、何千人のご先祖様のことを思い出してください。私達は一人ではないのです。自分へとつながるご先祖様が、応援してくれているのです。**私達の生命《いのち》は、多くのつながりの中にある**ということを覚えておいてください。

ステップ1「『生まれる（生命《いのち》）』という仕組みを知る」は、「自分」を生きる上での大切な土台部分になります。ですから、しっかりと受け取ってほしいと思います。

では、この神秘で生まれて来た「自分」についての仕組みをさらに深めていきましょう。

## STEP2 「見る」という仕組みを知る

図3

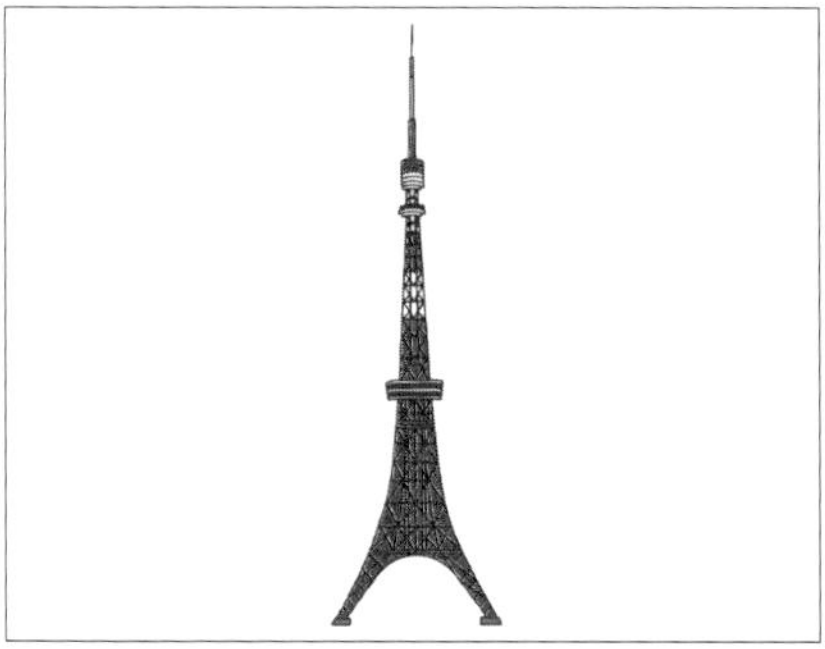

自分を知るために必要なことの二つ目は、「見る」という仕組みを知ることです。

**図3**を見てください。皆さんもご存じの東京タワーです。皆さんは今、少し離れた場所から東京タワーを見つめています。その後、タワーの下まで行ってエレベーターに乗って上まで行きました。さて、何が見えるでしょうか。見渡す限りの街の景色です。先ほどまで見えていた東京タワーは見えますか？　当たり前ですが、見えません。東京タワーは、東京タワーの中からは見えないのです。

同じことは人間についても言えます。皆さんは、お父さんとお母さんを自ら選んで、身体の中に入ってきました。身体からはどんな世界が見えるでしょうか。そう、自分以外が見えますね。自分の目で、お父さんやお母さん、お友達や先生など見たいと思えばなんでも見ることができます。しかし、鏡を使わない限り、自分の姿を見ることはできません。

ここでのポイントは、**自分のことは自分では見えない仕組み**になっているということです。人間は、自分のことはよく分かっていると思いがちです。でも、東京タワーからは東京タワーが見えないのと同じで、本当は自分のことは何一つ見えていないのです。

続いて**図4**を見てください。丸がたくさん

図4

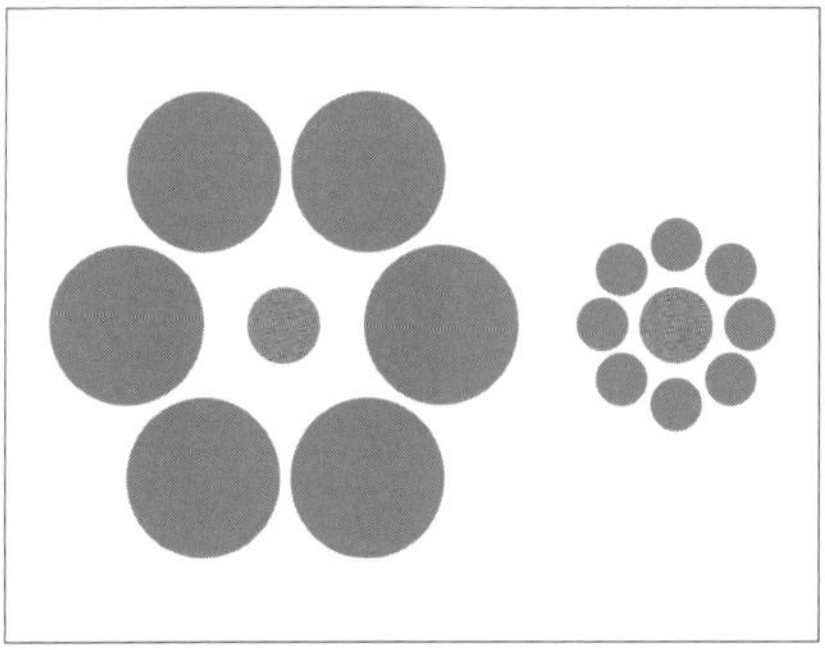

図5

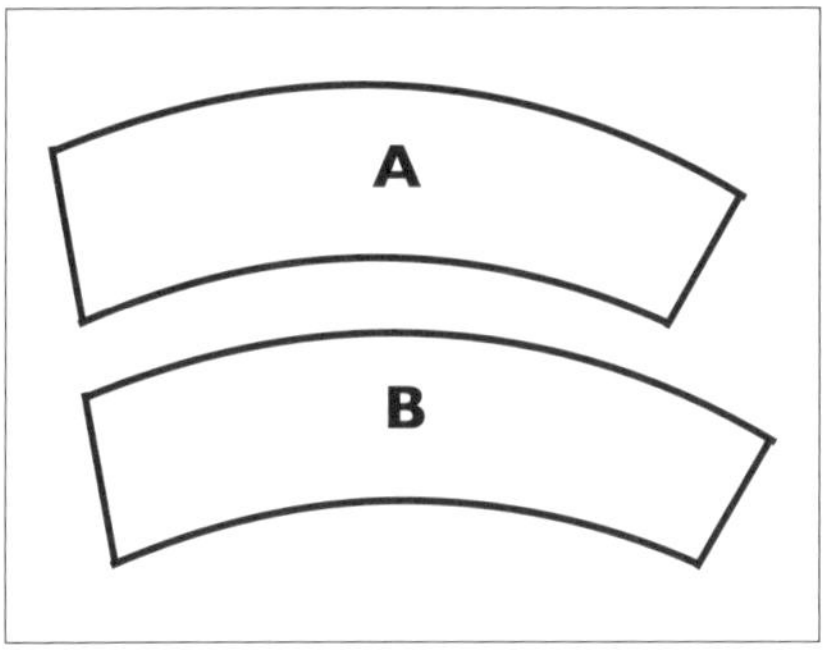

描かれていますが真ん中のピンク色の丸は、左右どちらの方が大きく見えますか？　右の方が大きく見えると思います。周囲のグレーの丸を消してみましょう。するとビックリ、二つの真ん中のピンク色の丸の大きさは同じだということが分かります。

次に、**図5**はどうでしょうか。AとBの図を比べると、どちらの方が大きく見えますか？　下の方が大きく見えると思います。ではBをAに重ねてみましょう。ご覧の通り、二つの図の大きさは同じだということが分かります。

**図6**

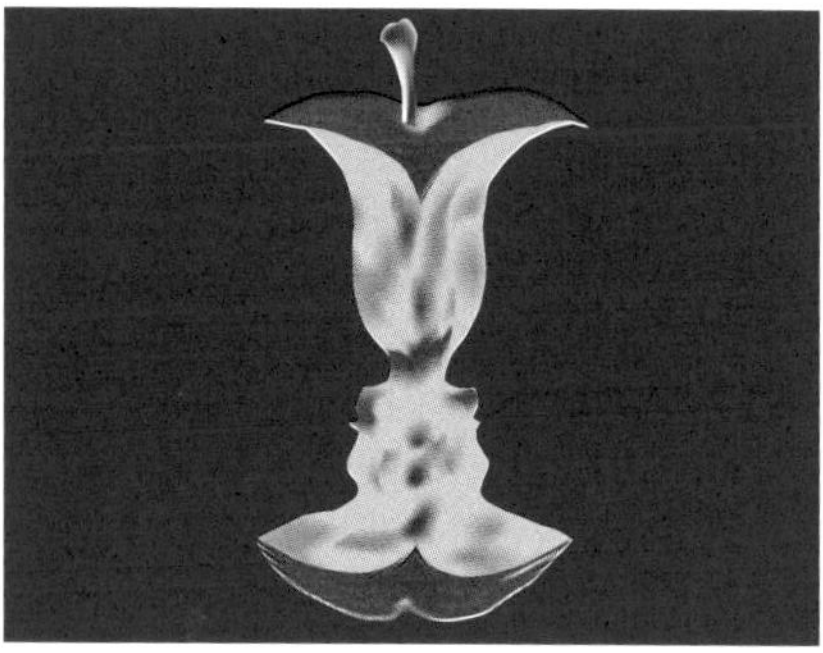

こうした現象を「錯視」と言います。目が錯覚を起こしている状態です。実を言うと、私達は生活のいろいろな場面で、「錯視」を起こしているのです。

次に、**図6**を見てください。何が見えるでしょうか。リンゴの芯が見えるという人が多いと思います。でも、黒い輪郭に着目してみてください。二つの顔が向かい合っているように見えないでしょうか。不思議なもので、二つの顔が見えた途端、リンゴの芯は背景に溶け込んで見えなくなります。逆に、リンゴの芯が見えた途端、二つの顔は背景に溶け込んで見えなくなります。

つまり、私達の目は、一つを見るためには、もう片側を見えなくさせて背景にすることで、一つの物を見えるようにするという仕組みになっているのです。ですから、物を見たとき、必ず一つが隠れていることを知っておきましょう。言い換えれば、「部分」を「全体」だと捉えてしまう機能を備えているということです。

また、別の角度からお話すると、例えば、ペットボトルを見てください。上から見たときと、横から見たとき、底から見たときとでは、全く違う形に見えますよね。しかし、私達は、例えば上から見たときには、上から見た形だけを「全体」と思い込んで見てしまいます。人間に例えるならば、ほんの一部分である短所の部分を「全て」だと捉えてしまうことで、「自分はダメな人間だ」という全くの誤解が生み出されてしまうのです。それは、自分だけにとどまらず、相手に対しても同じ。相手のほんの一部分に過ぎない嫌なところを「全て」として捉えてしまうため、相手のことを嫌いになってしまったりするのです。

いかがでしょうか。ここでのポイントは、**私達の目はすぐにだまされてしまう**ということ、そして、**全体を見ることができない**ということです。同じ物を見ても、時間や場所、その時の気分によって、また見る部分によって違うものに見えてしまうことがあるということをまずは覚えておいてください。

私達は、自分のことが見えないばかりか、見えるものは、ほとんどがだまされており、さらには「部分」でしか見ることができないという、制限された機能を使って生きているということです。そんな状態で、どうやって「自分」を発見していけばいいのでしょうか。どうやって、自分を大切にできるのでしょうか。

## STEP3 「比べる」という仕組みを知る

「自分」を知るために必要なことの一つは、「比べる」という仕組みを知ることです。皆さんは、誰かに対して「うらやましいなぁ」と思ったことはないでしょうか。兄弟や姉妹を見て、「お母さんに好かれていていいなぁ」と思ったり、友達を見て「勉強ができていいなぁ」「スポーツが得意でいいなぁ」と思ったりしたことはないでしょうか。そして、そうした思いが強ければ強いほど、苦しい気持ちになったことがあるんじゃないでしょうか。

人はなぜ、「うらやましいなぁ」と思って、苦しんだりするのでしょうか。それは、私達に「比べる」という機能が備わっていて、それを善悪（良いか悪いか）で捉えているからなんです。この「比べる」という本当の機能をきちんと理解できたら、苦しまずに済みます。

自分は（生物学的に）「男」だと思う人は手を挙げてください。手を挙げた人にお聞きします。なぜ、自分が「男」だと思うのですか？（※数名を指名して答えてもらう）

「体の構造が男の子だから」「お母さんに教えてもらった」など、いろいろな意見が出てきました。正解を言います。男の子が「自分は男」と分かるのは、女の子がいるからです。この世界に男性しかいなければ、男性は「自分は男」とは捉えることができません。同様に、この世界に女性しかいなければ、女性も「自分は女」とは捉えることができません。世の中に、二つの異なる性が存在するからこそ、人は自分の性が分かるのです。

このように、世の中は「比べる」ことで、自分自身のことを発見できる仕組みになっているのです。言い換えれば、**自分一人では何も分からない**のです。

次に、**図7**を見てください。一つのリンゴがあります。何が分かりますか？　これを見ただけでは、「ただのリンゴ」としか答えようがありません。

しかし、**図8**のように、右隣にもう一つリンゴを置いたとします。すると、もともとあった左側のリンゴを「大きいリンゴ」と言うことができます。あるいは「色が薄いリンゴ」「葉っぱのついていないリンゴ」と言うこともできるでしょう。

つまり、二つのリンゴを比べることによって、「大きい」「小さい」「濃い」「薄い」などの特徴が分かったわけです。
このように、比べることによって、色んなことが分かるのですが、実は、一つ分かったことによって、もう一つが分かっただけなんです。「大きい」が分かったのは、「小さい」があったから。「大きい」に対して「暗い」というものは分かりませんよね。全てはペアでできていて、ペアの一つが分かったとき、もう片側のペアがわかる仕組みになっているんです。

図7

図8

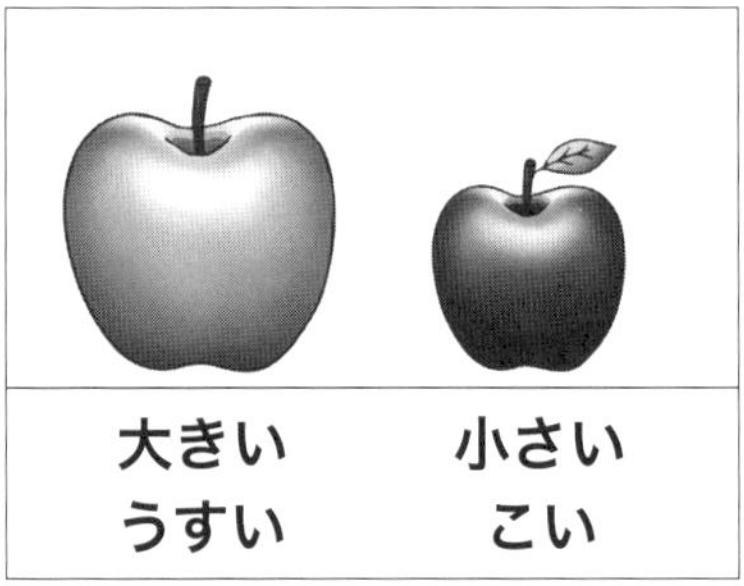


図9

ポイントは、**全てはペアでできている**ということです。学校では「反対言葉」や「対義語」と習った人もいると思いますが、実は「反対」ではなく、お互いに「**なくてはならない、補い合っている（相補関係）仕組み**」になっており、どちらが良いか悪いかという世界ではないんです。

さて、話を戻しましょう。今度は、**図9（101ページ）**を見てください。右側に大きなリンゴを置き変えました。すると、先ほどは「大きいリンゴ」だった左側のリンゴは、「小さいリンゴ」になります。このように、「大きい」「小さい」は、関係性によってコロコロと変わるのです。

比べる対象が大きかったら小さく見えるし、対象が小さかったら大きく見えたりしますが、左側のりんごは、何一つ変わっていませんよね。そう、何にも変わらないのです。ただ、そこにリンゴがあるだけです。人間に例えると、比べることによっていろんな感情が出てくるのかもしれませんが、本当は「あなたがそこにいる」、ただそれだけなんです。

それでは、実際に体感してみましょう。皆さん、隣の人と握手をしてみてください。相手の手の温度が分かると思います。（※「相手と比べて自分の手の方が冷たいと感じた」人に手を挙げてもらう、次に「相手と比べて自分の手の方が温かいと感じた」人に手を挙げてもらう。順不同）

自分の方が「温かい」と感じた人もいれば、「冷たい」と感じた人もいるでしょう。次に、別の人と握手をしてみてください。（※握手する相手を変えて、同じように握手をしてもらい、「温かい」か「冷たい」かを試してもらう。）

先ほどは「自分の方が温かい」と思っていたのに、今度は「自分の方が冷たい」に変わった人もいると思います。このように、関係性によってコロコロと変わるのです。

私達は握手をして「温かい」か「冷たい」かという体温を知ったとしても何も思わないかもしれませんが、もしこれが性格的なこととして置き換えたら、どんな気持ちになるでしょうか。

誰もが、「温かい人」の方がいいと感じるでしょう。「冷たい人」になりたいとは思いません。しかし、「温かい人」か「冷たい人」かというのも、その時の状況にすぎず、そんなものはコロコロ変わるものなのです。

その他に、「勉強ができる人」「勉強ができない人」という評価も、誰かと誰かを比べた結果にすぎません。「勉強ができる人」も、もっとできる人と比べれば「勉強ができない人」になります。同様に、学校で一番「足の速い人」も、大きな大会に行けば、「足の遅い人」になってしまうかもしれません。

皆さんの中には、「優しい人になりたい」「勉強のできる人になりたい」と、悩んでいる人もいるでしょう。でも、「優しい人」や「勉強のできる人」などの特性も、人と比べた結果にすぎないのです。

もちろん、人に優しくすること、一生懸命勉強することは大事です。でも、「優しい人にならねば」と考えすぎると、優しくできない自分を感じたときに「自分はなんてダメなんだ」と苦しみます。または、「優しくない相手」に怒りや悲しい気持ちを感じ、苦しむことがあるかもしれません。だから、「優しい人になろう」なんて、無理には思わなくていいのです。

どんな人の中にも、「優しい自分」と「冷たい自分」がいます。気持ちに余裕があれば「優しい自分」になれますが、余裕がないと「冷たい自分」になってしまうこともあります。「優しい自分」と「冷たい自分」は、自分自身の中でもコロコロと変わります。だから、「優しい自分」なんて、無理して目指す必要はありません。もちろん、人に乱暴なことをしたり、嫌なことを言ったりしてよいわけではないので、その点は勘違いしないでください。

「優しい自分」と「冷たい自分」のように、**全てのものはペア**になって、一人一人の中に存在しています。例えば「きちんとした自分」がいると同時に、「だらしがない自分」がいます。また、「明るい自分」がいると同時に「暗い自分」がいます。「きちんとしている」と言われる人の中にも、必ず「だらしがない」一面があるのです。

図10

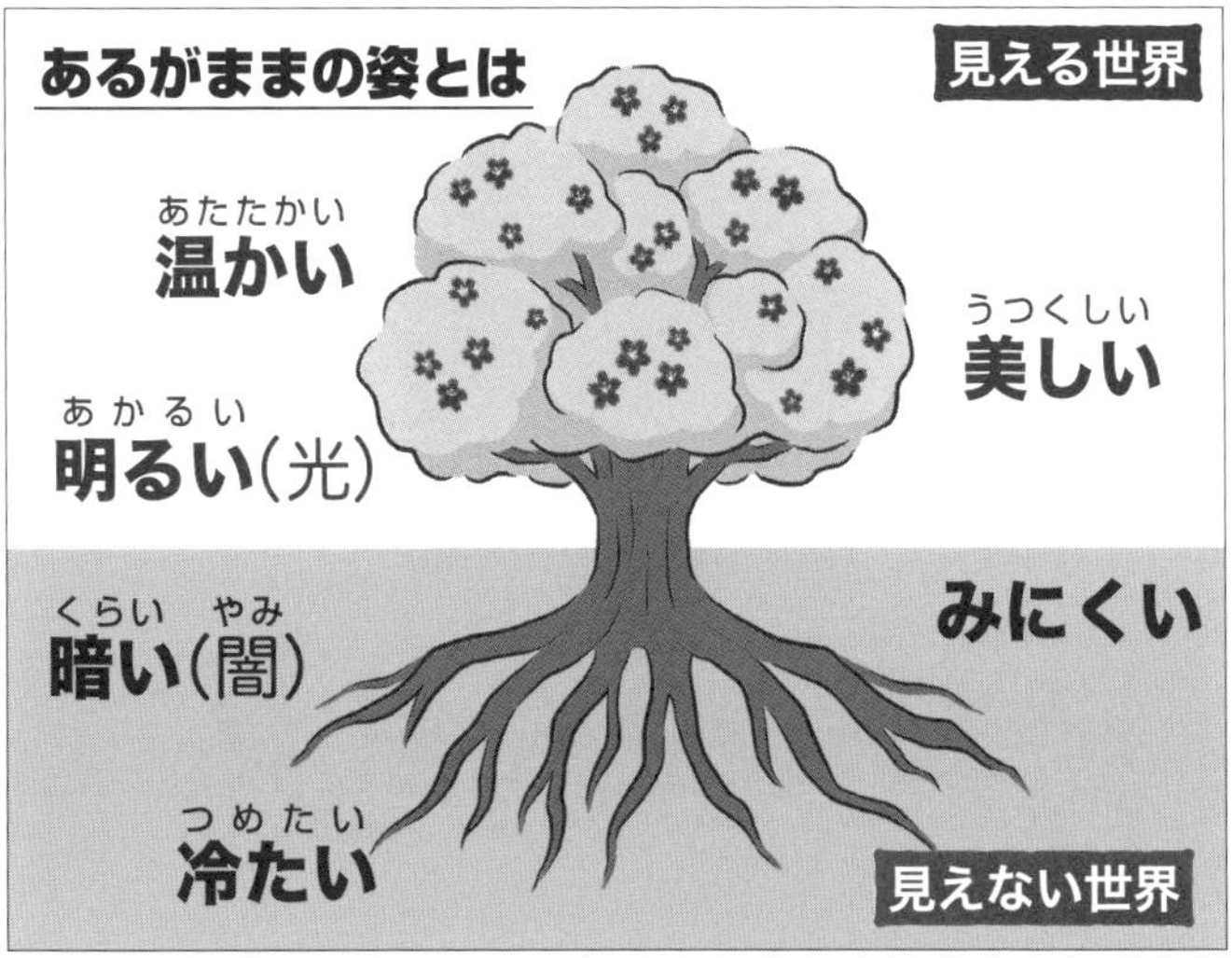


だから、「自分はだらしがないから……」などと考え、自分をいじめてはいけません。「だらしがない」とか「勉強ができない」などで悩む必要はないのです。なぜなら、**相手と比べて自分の状態が分かっただけ**にすぎず、皆さん自身の**生命**《いのち》**とは関係ない**からです。

皆さん方は一人一人、素晴らしい存在として生まれてきたということを忘れないでください。

続いて**図10**を見てください。一本の木があります。私達の目に見えるのは、地中から上の部分です。ここが「見える世界」です。一方で、地中には大きな根が張っています。ここは「見えない世界」です。これもペアです。全てがペアでできている世界で私達は生きています。目には見えませんが、根がないと木は生きていくことができません。

「見える世界」である地上の木は、日が照るので「明るい」ですし「温かい」、そして花が咲くので「美しい」ものがあります。一方、「見えない世界」である地中の根はどうでしょうか。地中なので「暗い」ですし「冷たい」、そして見た目も「醜い」ものがあります。

このように、一本の木には「明るい」と「暗い」、「温かい」と「冷たい」、「美しい」と「醜い」というペアが同時に必ず存在しています。ペアのどちらか一方だけ、存在することはできません。「美しさ」があれば、必ず「醜さ」も同時に存在するのです。

もし、地中の「暗さ」「冷たさ」「醜さ」を嫌って、根を切ってしまったらどうなるでしょうか。地上の木はすぐに枯れてしまいます。（※根っこを切って木が枯れてしまうスライドを見せる。）「明るさ」も「温かさ」も「美しさ」も、もう一方に「暗さ」や「冷たさ」や「醜さ」があるからこそ、存在し得るのです。

同じことは、人間についても言えます。**図11**を見てください。一人の女の子がいます。人間には必ず生みの親である父親と母親がいます。たとえ、両親が離婚していたとしても、親を知らないとしても、それは関係のないことです。つまり男の遺伝子と女の遺伝子をそれぞれ持って生まれてきます。だから、女として生まれてきた人も、「見えていない世

図11

界」では「男」の特性を持っています。また、性格的なことでも「明るい」と同時に「暗い」側面も持っています。さらには「優しい」と同時に「きつい」側面も持っています。

このように、人間は「見えている世界」と「見えていない世界」で、相対する特性をペアで備えているのです。これを「あるがまま」と言います。全てはバランスでできているのです。

では、「明るさ」や「優しさ」だけを伸ばすことは可能でしょうか。ここに1枚の紙があります。表面には「表」と書かれていて、裏面には「裏」と書かれています。「表」を大きくしたら、当然、「裏」も大きくなります。「表」だけを大きくすることはできません。

これと同じで、「明るい」を大きくすれば、「暗い」も大きくなります。「優しい」を大きくすれば、「きつい」も大きくなります。皆さんはよく「長所を伸ばして、短所を減らすように」と言われていると思いますが、人間の生命《いのち》の仕組みとして、長所だけを伸ばすことなどできないのです。

例えば、私はとても声が大きいです。皆さんの前で話すときは、この大きな声がとても役立ちます。でも、家に帰ると家族からは「うるさい」と言われます。そのため「声が大きい」という長所を伸ばせば、家族は大迷惑ですよね。

だから、「長所を伸ばさないと」「短所をなくさないと」なんて、無理して思う必要はありません。先ほどの紙の「表」と「裏」の話を思い出してみてください。「表」とあなたが捉えた途端、同時に「裏」ができたのであって、元々はそこにただ「1枚の紙がある」だけの話です。そのことから考えても分かるように、長所と短所もそもそも存在していないのと同じであり、そこにただ「あなたがいる」だけなのです。

ですから、長所や短所に振り回されず、「あるがまま（存在）」という本当の自分の仕組みを知って、自分自身を愛してほしいのです。

## STEP4 「感じる」という仕組みを知る

さあ、ここまでついて来られましたか。続いて、自分を発見するために必要な機能の三つ目は、「感じる」という仕組みを知ることです。

皆さんは、毎日いろいろな人や物を見て、さまざまなことを感じながら生きています。例えば、友達と話をする中で、相手に「おもしろいなぁ」と感じることもあれば、「優しいなぁ」と感じることもあります。それとは逆に、「むかつくなぁ」と感じることもあるでしょう。

感じ方は人それぞれでOK。「正しい感じ方」なんてありません。周囲がみんな「おもしろいなぁ」と思っているのに、自分だけが「おもしろくないなぁ」「むかつくなぁ」と思ったって構いません。感じ方に「正しい」「間違い」はないからです。

今日、私を見て、皆さんはどんな印象を持ちましたか？　ある人は、「明るい」「元気が良い」と感じているかもしれませんし、ある人は「声が大きい」「うるさい」と感じているかもしれません。40人いれば、40通りの感じ方があるでしょう。

皆さんが私に対して感じたこと、実を言うとそれは、皆さん自身の「内面」にあるものなのです。つまり、私に対して「うるさい」と感じた人は、自分の中にも「うるさい」自分がいて、私を通してそんな自分を発見したことになるんです。

相手に、ムカッとしたり、嫌な感情が湧いたりしたとき、今までは相手のせいで、自分の中から怒りが出てきたんだと思っていたかもしれませんが、残念ながら違います。自分の中にもともと怒りを持っているから、相手を通して「自分の中に怒りがあること」を発見できたということなんです。

例えば、友達に対して「自分勝手だなぁ」と感じている人がいたとします。それは、自分の中にも「自分勝手」な部分があるから、そう感じるのです。つまり、周囲の誰かが鏡になって、自分の姿が映るのです。

このように、人は「感じる」という仕組みを通じて、自分のことを発見することができます。「意地悪な自分」も「自分勝手な自分」も「優しい自分」も、誰かを見て「感じる」ことを通して、発見できるのです。

もし「意地悪な相手」を通して、自分の中にある「意地悪さ」を発見できたとします。しかしその時、意地悪な自分をなくそうとしたり、反省したりする必要はありません。もちろんその意地悪な心で、相手を傷つける言行をしてしまったことに対しては反省する必要がありますが、自分の中の「意地悪さ」を発見したときは、相手に映る意地悪さを通して、その意地悪を自分も「自分や相手に対してしてきたこと」として、知ってあげてほしいんです。反省ではなくて、発見するのです。また、「意地悪な自分」が嫌で、相手に優しくあろうと頑張ってきたことで、自分に対して意地悪（無理して相手に合わせたり、嫌なことを引き受けたりすること）をしてきたことを知ってあげてほしいのです。発見しないと、いつまでも同じ苦しみがつきまとってきてしまうからです。

**【ワンポイントアドバイス】中学生以上の講演では、「優しい自分になろうとしたことで、無意識に意地悪な相手を引き寄せていた」という話をする場合もあります。また、PART2の44ページに掲載した「いじめの関係性の図」を見せることもあります。**

人間は、動物や植物、人、物、情報などさまざまなものに囲まれて生きています（**図12**）。子犬を見て「かわいい」と感じたり、咲き誇る花を見て「美しい」と感じたり、自動車を見て「かっこいい」と感じたりします。でも、それを「かわいい」「美しい」「かっこいい」と感じるのは、そうした感性が自分の中にあるからなのです（**図13**）。つまり、人は**自分の中にあるものしか感じることができない**のです。

「自分」という漢字を見てください。「自ら」を「分ける」と書きます。これは、相手と自分を合わせて「自＋分＝自分」ということなんです。**相手を通さないと、相手と自分を**

図12

図13

合わせないと、自分のことは一切分からない仕組みの中で私達は生きているのです。
では、いじめはどうして起きるのでしょうか。次の「　」には何が入りますか？

**「　」が「　」をいじめる　＝　いじめが発生する**

そうです。答えは二つとも「自分」です。これが、「いじめの方程式」です。

**先ほど、自分とは、「相手と自分を合わせたもの」とお話ししました。自分の身体（※自分の身体を指す）だけではなかったですよね。**

では、「いじめが終わる方程式」はどうでしょうか次の「　」に何が入りますか？

**自分が自分を「　」＝いじめが存在できない**

そうです。「愛する」です。自分が自分を「愛する」、「大切にする」、「受け入れる」ことで、「いじめが存在できない」世の中になるのです。

図14

**公式**

**いじめの方程式とは**
**「　」が「　」をいじめる**
**＝いじめが発生する**

**いじめが終わる方程式とは**
**自分が自分を「　」**
**＝いじめが存在できない**

## まとめ　人間の本当の姿とは

　では、自分を知るために必要なことのまとめとして、私達の本当の姿について話をして、この授業を終わりにしたいと思います。

　ここまで、「生まれる（生命《いのち》）」「見る」「比べる」「感じる」という仕組みを学んできましたが、ちょっと復習してみましょう。

　生まれる（生命《いのち》）という仕組みでは、私達は奇跡の連続で生まれ、大いなるつながりの中で生きていることを学びました。次に、その奇跡の生命《いのち》を大切にしたいと思っても、私達の「見る」という機能は、自分のことを見ることができないばかりか、ほとんどがだまされてしまっていて、真実が見えない仕組みの中にいることを学びました。続いて、自分を見ることができないので、「比べる」という機能を使って、自分を発見しようとしたのですが、私達は「比べる」という機能の使い方を間違えて、良いか悪いかという世界で苦しんでいましたが、全てがペアで存在している「あるがまま」という姿を知りました。そして最後に「感じる」という仕組みを通して、相手と自分を合わせて「自分」という仕組みになっていることを学びました。加えて、自分が自分を愛してあげることで、いじめをなくすことができるという話をさせてもらいました。

では、これが最後のスライドになります。**図15**を見てください。このリンゴ、どうなっていますか？　「かじられている」ことが分かると思います。では、なぜ「かじられている」と分かったのでしょうか。それは、欠けていない元の状態のリンゴの姿を知っているからです。

図15

人間も同じで、自分のどこかが「欠けている」と感じるのは、欠けていない自分を知っているからなのです。つまり、相手を通して「欠けている自分」を知ることで、「欠けていない自分」を知ったということなんです。そして、欠けているか、欠けていないかを超え、本来のパーフェクトな自分の存在を知ってあげてほしいのです。

**生命《いのち》とは、誰もがパーフェクト（あるがまま）に創られています。**皆さんは、素晴らしい存在であること、美しい存在であること、パーフェクトな存在であることを忘れずに、これからの人生を過ごしてください。

【ワンポイントアドバイス】中学生以上のプログラムでは、時間や状況にもよりますが、「時間の仕組み」「空間の仕組み」「脳の機能」なども付け加えてお伝えすることがあります。

子ども達の理解度は、地域や学校によって全く違うので、私の講演会では、その場に合わせて難易度を調整しています。中には、私の思いをはるかに超えた感性を持っている子ども達もいて、感動させられることも多々あります。

## ●授業を受けた子ども達の感想

以上、「いじめが終わる授業」について、私が普段子ども達に話している内容を紹介しました。正直言うと、大人を相手にこの講義をすると、混乱される方が一定数いらっしゃいます。あるいは、理解はしてもらえても効果はすぐに現れません。なぜなら、大人達の多くは、「旧式思考」に凝り固まっているからです。

一方で、子ども達への効果はてき面です。すぐに、私が言わんとするところを理解し、新しい思考様式を自らのものにします。

以下は、私の授業を聞いた小学生の感想です。

・生まれて来た意味が分かりました。（小3女子）
・いじめはされているんじゃなくて、自分で自分をいじめているところに驚いた。（小4女子）
・人間にはみんな「思いやりの心」が装備されているのが分かりました。なので、人が困っていたら助けたいと思いました。（小5女子）
・最初は、いろいろとできないことがダメだと思っていたけど、ダメなことはないと知り、とても驚いた。（小5男子）
・この授業で、「命を大事にして、自分はだれのために何のために生きているのか」が分かりました。（小5女子）
・最初は「いじめはダメ！」と強く言われるのかなぁと思ったけど、錯覚の話などおもしろい話をしてくれたし、自分をいじめない、他の人の目を気にしないことなど、とてもいい話だった。（小6男子）
・最初は「自分はどうして生まれて来たんだろう」「死にたい」と思うときもありました。でも、この話を聞いて、がんばって生きようと思いました。（小6女子）

小学生には少し難しい側面もありますが、それでも思考が変化している様子が、お分かりいただけると思います。小4の女子を持つ母親からは、「いじめが終わる方程式」を知ってから、クラスの人気者になったという話も寄せられています。

以下は、中学生から寄せられた感想です。

- 嫉妬とか「うらやましい」「うざい」と思うのは、自分の中にあることと同じと聞いて、前向きに考えられるようになりました。（中1男子）
- 他人の嫌なところ、ムカつくところは、自分のそんなところで、他の人を通して自分を知ることができることも分かった。（中1女子）
- 相手がいてくれるだけで感謝なんだと思いました。家族といられるだけでも奇跡なんだから、家族も友達も大切にしたいと思いました（中1女子）
- 世界のいじめを終わらせるために、僕は自分を愛します（中2男子）
- これからは自分を大切にし、友達も大切にしていくことを思いながら過ごしていきたいと思います。（中2女子）
- 常識が全て覆された。もっと自由に生きていいんだと思った。（中3男子）
- めちゃ納得の連続で、僕の人生を考える上でとても良い授業になりました。「自分を

大切に！」「自分を愛する！」と自分に言ってあげます。（中3男子）

・今後は「長所を伸ばす」「短所をなくす」ではなく、あるがままの自分で過ごしていきたいです。また、悪口を言ってしまったら、自分のことなのだと受け止めて謝るようにしていきたいと思いました。（中3男子）

中学生は、学業や友人関係で悩んでいる生徒も多く、こうした感想からも切実な様子が伝わってきます。実際、私の話を聞いて、涙ぐむ生徒もいます。不登校だった小学生が大人向けの講演会に週末親に無理矢理つれられて参加したことで、翌週から学校に行けるようになったという報告例もあれば、方程式の体験談の漫画を読んだ中学生から「いじめを自ら終わらせることができた」と感謝の報告が届いた例もあります。

いじめに苦しむ子ども達は、全国各地にいます。そうした子ども達のためにも、「いじめが終わる授業」を日本全国に広げていきたいというのが、私自身の思いです。学校の先生方にはぜひ、このPARTで紹介した授業を道徳科の時間、特別活動の時間などを使って実践してみていただきたいと思います。

ところで、私の講演を聞いた直後に、教師の方々がよく嘆かれることがあります。それは「子どもにどう伝えたらいいか分からない」との嘆きです。

「どう伝えよう」とご自身のスキル不足に悩むのは、教師魂があるからなのでしょう。確かに、それは大切なことです。しかし、そのように心配すること自体が、すでに「子ども」と「自分」を分けた「旧式思考」を使っている証しなのです。まずは、**教師自身が、「生徒を通して自分を知る」という感覚を取り戻していただきたい**のです。従来のスキル思考を使わずに、素直に目の前を自分として受け取ってくださった教師の方々からは、「子どもが激変してびっくりしました」「本当に私が映っていただけだったんですね」などと、喜びの声が多数寄せられています。

PART 4

# 「いじめ」を生み出す学校教育の課題

多くの防止策が講じられているのに、なぜいじめは一向に減らないのでしょうか。このPARTでは、「いじめが終わる方程式」を実践してきた私独自の視点から、今日の学校教育が抱える構造的な課題を浮き彫りにしていきたいと思います。

## ●いじめ問題をめぐる国の対応

今日、「いじめ」は学校教育上の大きな課題として捉えられています。この問題がより大きくクローズアップされたのは、２０１１年に大津市で起きた中学2年生の自殺事件でした。凄惨ないじめの実態が報道を通じて明らかになると、この問題に対する世間の関心は一気に高まりました。

国の動きは早く、間もなく政府の教育再生実行会議が提言として「いじめの問題等への対応について」をまとめ、いじめ対応に向けた諸改革がスタートしました。

その大きな柱は二つです。一つ目の柱は、いじめ対策の法制化で、２０１３年に「いじめ防止対策推進法」が成立しました。この法律は、第4条で「児童等は、いじめを行ってはならない」と規定しているほか、国や自治体、学校が、それぞれ「いじめ防止基本方針」を策定して、より詳細ないじめ防止の具体策を講じることなどが定められています。また、学校がいじめの発見に向けてアンケート等の調査をすること（同法第16条第1項）、国や自治体が対応に向けて専門職員を配置すること（同法第18条第1項）、自殺などの重大事態が起きたときには設置者が調査機関を設けて事実関係を明らかにすること（同法第28条）なども定められています。

**表１　いじめ防止対策に向けたこれまでの経緯**

| 年月 | 主な出来事 |
|---|---|
| 2011年10月 | 滋賀県大津市で中２の男子生徒がいじめを苦に自殺する事件が発生 |
| 2013年２月 | 教育再生実行会議が第１次提言「いじめの問題等への対応について」 |
| ６月 | いじめ防止対策推進法が成立（同年９月施行） |
| 2018年４月 | 「特別の教科・道徳」が小学校でスタート |
| 2019年４月 | 「特別の教科・道徳」が中学校でスタート |

もう一つの柱は、道徳の教科化です。２０１８年度から小学校で、２０１９年度から中学校で、これまでの「道徳の時間」にかわって教科としての道徳、すなわち「特別の教科・道徳」が導入されました。週１回、年間35時間という点はこれまでと変わりませんが、検定教科書が使用され、記述式の評価も行われるようになるなど、内容の充実が図られました。また、「考え、議論する道徳」という合言葉の下、子ども達が善悪について話し合う活動なども実施されています。

このように、いじめ問題への対応は、社会と学校が「総がかり」で進められていると言っても過言ではありません。各学校の「いじめ防止基本方針」を見ても、強い気持ちでいじめの撲滅に向けて取り組もうとする決意が、ひしひしと伝わってきます。実際、多くの教師が「いじめはダメ」「いじめをした子は許さない」と学級の子ども達に伝え、いじめの防止に取り組んでいます。

## ●いじめは一向に減っていない

こうした対策が本格的に進められてから5年ほどが経ちましたが、現在の状況はどうなっているのでしょうか。

**図1**は、過去10年のいじめの認知件数の推移です。ここ数年は右肩上がりに増加しており、2018年度は約54万件と過去最多を記録しました。前年より実に13万件近くも増えている計算です。これだけいじめ対策をしているのに、一体どうしたんだと驚く方もいるでしょう。

実を言うと、認知件数の増加は、学校が積極的な認知・発見に努めた結果とも言えます。そのため、この数字だけを見て、「事態が深刻化している」とは言えません。一方で「改善している」とも言えません。「法律の成果が出ている」という声も関係者からはほとんど聞かれませんし、いじめによる子どもの自殺事件なども相変わらず起きています。私が推察するに、いじめの絶対数や発生率は、昔からほとんど変わっていないと思います。

こうした状況を見ても、制度的な枠組みでいじめ問題を解消することには限界があることが分かります。最近は、クラスのいじめを放置した教員を処分するなどの話も出ているようですが、そんな制度を作っても状況が良くなることはないでしょう。

## 図1　いじめの認知件数の推移

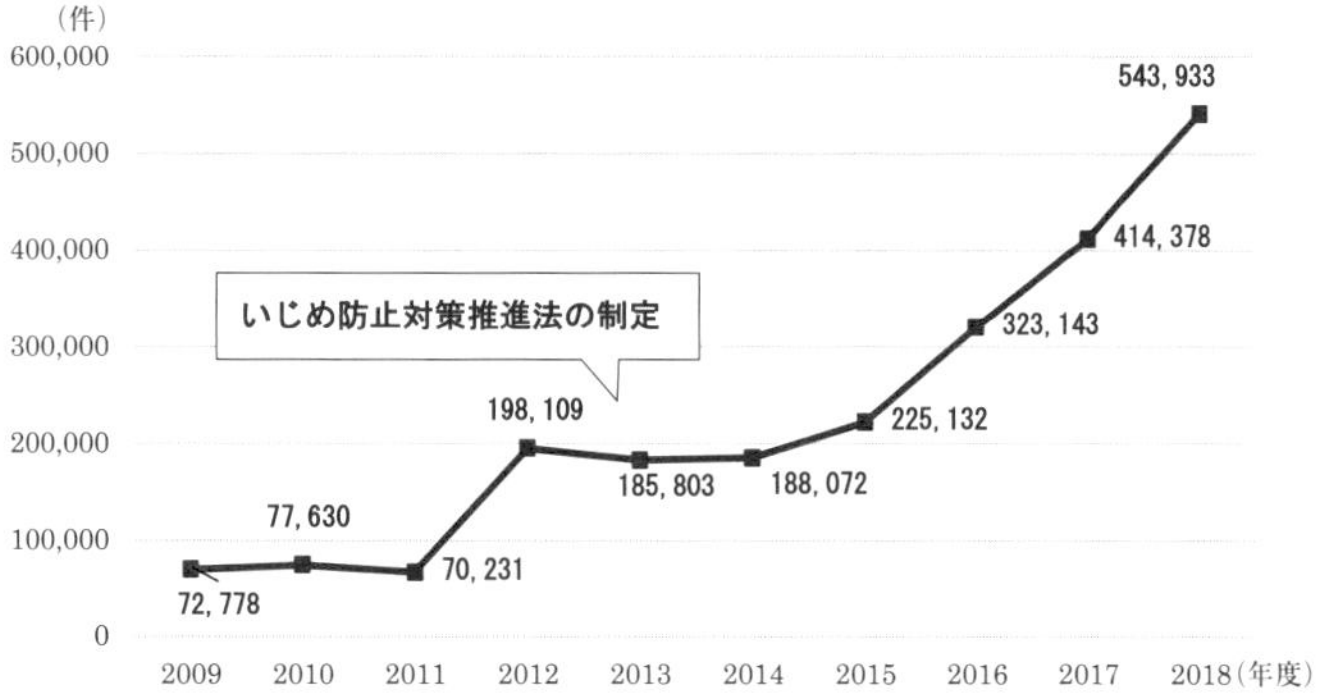


いじめの撲滅に向けて、国や学校がこれだけ多様な施策を実施しているのに、なぜ状況が改善しないのでしょうか。はっきり言ってしまえば、**いじめは対症療法では解消できないからです。**

そもそも、いじめの問題を学校教育特有の問題として、捉えている点にも違和感があります。PART2でも述べたように、いじめは大人社会にも存在し、上司が部下をいじめる「パワハラ」、夫婦間のいじめである「DV」、親子間のいじめである「虐待」などに悩む人は、数えきれないほどいます。その他に、自分をいじめる「リストカット」や「薬物依存」、「摂食障害」などに苦しむ人もいます。いじめは大人社会にも存在するという象徴的な出来事として、先日は教員間のいじめ問題が世間を騒がせました。最近は、ゲームやネット依存症の子どもも増加し、ギャンブル依存症の予備軍として問題となっています。

つまり、複数の人間が集う限り、大人であろうと子どもであろうと、いじめは起こります。これを学校教育特有の問題と捉えているうちは、問題の核心にたどり着くことはできません。

また、いじめを「加害者」と「被害者」という構図で捉えている点も、この問題の本質を見失わせています。現状のいじめ対策は、「いじめっ子」に意識啓発を呼びかけ、「いじめられっ子」を擁護しようとするもので、「いじめ防止対策推進法」の条文を読んでも、そうした意思が強く感じられます。

もちろん、そうした対策が無意味だとは言いませんが、大切な視点を見落としています。それは、「いじめられっ子」だけでなく、「いじめっ子」も被害者（エゴの奴隷）だという点です。「いじめっ子」達の多くも、自分を愛したくても愛せず、「エゴによる存在奴隷化現象」の中で苦しんでいるのです。

今、社会には「いじめっ子」を糾弾し、「断罪に処すべし」という空気が漂っています。「いじめっ子」の親に対し、保護責任を問う声も多く聞かれます。さらには、学校教員の指導・監督力不足を責める人もいます。いわゆる「犯人さがし」です。

ＰＡＲＴ２でも述べましたが、実際にいじめによって辛い思いをされた方々を思うと、いたたまれない気持ちにもなるのですが、私は「いじめっ子」も、「いじめられっ子」も、その親も、教師も、「誰も悪くない」と考えています。私は、長女のいじめ問題だけにとどまらず、私自身が性的暴行という大変辛い体験をし、その後のPTSDにも長い年月悩まされてきました。そんな当事者だからこそ、同じようなつらい体験をする子どもや親御さんを増やしたくないですし、だからこそ根本的な見直しが必要だと考えているのです。

いじめ問題の「犯人」は誰なのか、それは多くの大人や子どもを支配している「旧式思考」であり、「エゴによる存在奴隷化現象」にすぎません。この点に気付くことが、この問題を解消していく上でのスタート地点となります。

## ●「長所を伸ばそう」とする道徳教育の問題

2018年から小学校でスタートした「特別の教科・道徳」では、学習指導要領に次のような記載があります。

〔個性の伸長〕
〔第1学年及び第2学年〕
自分の特徴に気付くこと。
〔第3学年及び第4学年〕

自分の特徴に気付き、長所を伸ばすこと。
〔第5学年及び第6学年〕
自分の特徴を知って、短所を改め長所を伸ばすこと。

中学年は長所を伸ばすこと、高学年は短所を改め、長所を伸ばすことが記載されていることが分かります。

この規定を踏まえ、「特別の教科・道徳」の教科書は作成されています。教科書とは別に、子どもの「良いところさがしゲーム」などを実践している学校も少なくないことでしょう。しかし、PART2・3でも述べた通り、人は長所と短所を併せ持っています。この二つはペアで同時に存在するものなので、どちらか一方だけを伸ばすことはできません。

例えば、「良いところさがしゲーム」で、友達から「温かい」「優しい」と言われた子は、それを自身の長所として認識し、さらに伸ばそうとするかもしれません。しかし、「温かい」「優しい」という特性を伸ばせば、相対として同時に存在する「冷たい」「きつい」という特性も伸びてしまいます。この点は、PART2で詳しく説明した通りで、長所を伸ばすことには、何ら意味がないのです。

「特別の教科・道徳」では、「考え、議論する道徳」がコンセプトとして掲げられています。学習指導要領の内容を踏まえれば、友達の長所や短所について話し合う活動が、各学校で行われているのでしょう。学習指導要領は国が示す教育課程の基準ですから、それに沿って授業をする先生方に罪はありませんが、長所と短所を子ども達に強く認識させ、短所を減らそうとする制度自体の方向性には、危うさを感じます。

もし、そうした授業をするならば、**相手という鏡を使って、自分の思い込んでしまった長所と短所をあぶり出させ、なぜ、そう思い込んでしまったのかを解消、解放させるところまでやらなければ意味がありません。**

もちろん、私とて子どもの良いところを褒める行為そのものを否定しているわけではありません。クラスを統率し、成長を促していく上で、子どもの善き行いを褒め、悪い行いをいさめることは不可欠でしょうし、通知表の所見欄等を通じて、成果と課題を伝達していくことも必要だと思います。

ただ、これまで説明したように、「旧式思考」の中で長所を伸ばそうとすると、かえってその子の自己否定感も大きくさせてしまうリスクがあることは、覚えておかなければなりません。長所を伸ばそうとする現状の教育が、結果として「いじめ」を生み出している可能性があるという観点から、先生方は早急に子ども達との接し方を見つめ直していただきたいのです。**教育者（保護者）自身が、あくまで「子ども達を通して自分を知っていく」**

という基本スタイルを、忘れないでいただきたいと思います。

## ●子どもを苦しめる「見ている人も同罪」の指導

「特別の教科・道徳」について、もう一つ気になるのは、「いじめっ子」と「いじめられっ子」以外の子ども達、いわゆる「第三者（傍観者）」に対し、加害者と同罪の扱いをしている点です。確かに、周囲の誰かがいじめを止めようとすれば状況は変わってくるのでしょうが、その勇気を持てというのは酷な話ではないでしょうか。

少し極端な例かもしれませんが、目の前でナイフを持って大暴れしている男がいたとします。その男が、今にも誰かを殺しそうだからといって、その人に立ち向かえる大人がどれほどいるでしょうか。もちろん、「自分は立ち向かえる」と言い切れる勇敢な人もいるかもしれませんが、普通の人なら逃げることを第一に考えるはずです。良心の呵責にさいなまれるかもしれませんが、状況としては致し方ありません。

しかし、今の学校は、いじめを見ている第三者に対し、「加害者と同罪」だと教える傾向があります。この点は、考え直していただきたいと私自身は考えています。

もちろん、いじめの早期発見によって、命を守れる可能性があるのは事実です。しかし、「いじめを止める勇気を持とう」という指導を子ども達に浸透させれば、「それができない自分は、なんてダメなひどい人間なのだろう」「なんて勇気のない弱虫な人間なんだろう」と、苦しむ子どもが増えることも忘れないでいただきたいのです。

「エゴによる存在奴隷化現象」の中では、「勇気を持つ」ことによって、「臆病者、意気地なし」などのもう片側にあるエゴの弊害が出てくるということです。

少し考えてみてください。もし、仲の良い友達がいじめを受けていて、「見て見ぬふり」をしていたとします。そして、不幸にもその子が引きこもってしまったり、最悪のケースとして自殺してしまったりしたら、罪悪感を抱えながら見ていた子どもはどう思うでしょうか。大きな心の傷を負い、「あの時、勇気を出して止めに入っていたら……」「あの時、先生に報告しておけば……」と自責の念に何度も襲われるでしょう。心の傷は一生涯、その子を苦しめることになります。その結果、「自分が殺したんだ……」などという間違えた感覚に陥り、後追い自殺をしてしまったという悲しい例もあるのです。

私の長女は、私の長男への虐待を「第三者」として見ていました。私自身、長女に手を出したことはありませんが、長女は心に傷を負い、自己否定感と罪悪感を強く抱きました。その結果、学校でいじめを受けたことは、PART１で述べたとおりです。この話からも、「見ている人も同罪」という指導が、新たないじめを生み出してしまうリスクをはらんでいることがお分かりいただけると思います。

「いじめを止める勇気」を持つように指導することのリスクは、これだけにとどまりません。私がカウンセリングをする中で、両親のけんかを仲裁することに、無意識のうちに自らの存在価値を見出している人とよく出会います。そうした人は、いじめ仲裁者の役割に自身をスライドさせ、自分の存在価値を見出すようになる可能性があります。本人にとっては、けんかや揉めごとが嫌で嫌で仕方がないことなので、まさか無意識下で「いじめや揉め事が存在する状況」に、自分の存在価値を見出していたとは気付くわけもありません。そんな人物が知らず知らずのうちに、いじめ退治を求めて命を燃やそうとし、それがもとで新たないじめを生み出してしまう可能性もあるのです。

「いじめ防止対策推進法」も「特別の教科・道徳」も、いじめを積極的に発見し、早期に対応することに重点を置いて設計されています。早期発見・早期対応それ自体を否定するわけではありませんが、そこに重点がシフトしすぎれば、上述したような落とし穴に陥る可能性があることは、覚えておきたいところです。

## ●自己肯定感を「高めましょう」の弊害

学校教育における課題として、最近は「自己肯定感の向上」が挙げられています。2015年に国立青少年教育振興機構が実施した調査「高校生の生活と意識に関する調査報告

図2　自分はダメな人間だと思うことがある

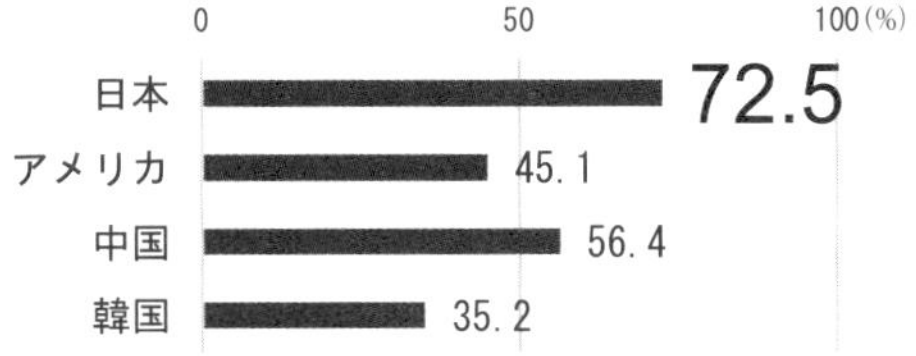


図3　私は人並みの能力がある

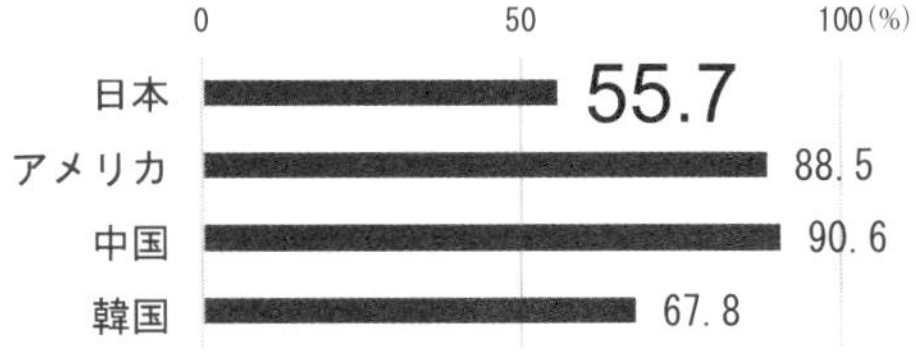


書」によると、「自分はダメな人間だと思うことがある」の問いに「とてもそう思う」「まあそう思う」と回答した高校生の割合が、72・5％にも上っていました。この数字は、アメリカ（45・1％）、中国（56・4％）、韓国（35・2％）と比べても圧倒的に高くなっています（**図2**）。また、「私は人並みの能力がある」の問いに「とてもそう思う」「まあそう思う」と回答した高校生の割合は55・7％で、こちらは他国より低くなっています（**図3**）。こうした国際比較を見ても、日本の子ども達が自分に自信を持てず、どこか自らを卑下しているような様子が分かります。

こうした調査結果を受け、文部科学省は2014年に「教育再生の実現に向けて」と題した資料を公表し、「我が国の危機的状況」の一つとして、自己肯定感の低さを指摘しました。この方針の下、現在は多くの学校で、自己肯定感を高める取り組みが展開されています。

私自身も、日本の子どもの自己肯定感はあまりにも低く、もう少し高い方が望ましいとは思います。ただ、子どもに自己肯定感を持たせるために、「自信を持ちましょう」「あなたは、あなたのままでいい」と指導することに対しては、怖さを感じています。理由は、**それを伝えている教員や保護者自身が、本気であるがままの自分を丸ごと愛せていないからです。「相手を受け入れる」というのは、自分のことを受け入れていない限り不可能であり、そうでない場合は、言葉（思考）の世界で踊らされているだけの状況に陥ります。**

また、そもそも「自己肯定感」という言葉は、定義が非常に曖昧です。一般的には、「そのままの自分を認め、自己を尊重し、自己価値を感じて、自分の全存在を肯定する」という意味で使われていると思いますが、そのことを子ども達に指導すると、結局のところ「自己」を「肯定する」ための「プラス思考」「ポジティブ思考」で、「自分は自分のままでいい」と、無理やり思い込ませてしまいがちです。「旧式思考」の中で、このような指導をし続けることは、矛盾をさらに強化させてしまう可能性があるのです。

あるいは、自己肯定感の定義を「自分は他人より○○が優れている」という「優越感」とした場合はどうでしょうか。その人は、勉強やスポーツなど得意領域を磨き、上位の成績を収めることで、自己肯定感を高めていくことでしょう。しかし、そうして高めた優越感は、自分より上位の人と出会った途端、もろくも崩れ去ります。つまり、「優越感」を高めれば高めるほど、ペアで同時に存在する「劣等感」へ振れる振り子も強くなるのです。突如として、優秀な子どもがうつの症状に陥ったり、引きこもり気味になったりするのは、こうした教育の弊害でもあるわけです。

自己肯定感を高める必要があるとはいえ、近年はそれが強すぎる子ども達の弊害も出てきています。特に有名進学校のトップクラスの生徒に見られがちなのですが、自己肯定感が高すぎるあまり、相手のことが一切見えていないケースが散見されます。いわゆる自己愛的な感覚に陥ってしまっている状況で、原因は往々にして親にあることが多いと思われます。もちろん、他に要因がある場合もありますが、親が子どもの将来や成績（その中には親自身の世間体も含まれます）のことしか見えていないため、子どもが自身の心と向き合う機会を与えていないケースが多いように見受けられます。そうして育った子どもは、他者の心とのコミュニケーションの取り方が分からないまま大人になります。その結果、人とのコミュニケーションが取れず、誰に対しても常に上から目線で接してしまうのです。

このように、自己肯定感を間違った定義の下でむやみに高めようと働きかけることは、多くの問題を生み出します。また、自己肯定感はどんなに高めようと、私達の「生命」の構造上から見ると、根本的解決には至れないということをご理解いただきたいのです。

## 学校教員と「いじめ」の意外な関係性

ここ数年、講演等でたくさんの学校を訪ねる中で、多く見受けるケースがあります。息子や娘のいじめ、不登校などで悩む親の中に、学校の教員が多いことです。特に「両親共に教員」というご家庭の子どもが、何かしらの課題を抱えているような話はよく耳にします。

学校の教員は教育のプロですから、世間的に見れば、家庭内の教育も行き届いているように思われます。「両親共に教員」ともなれば、経済的にもある程度の余裕があるでしょうし、学力的なポテンシャルも高いはずです。そんな家庭の子が問題を起こすと聞くと、少し意外に思う人もいることでしょう。

特に多いのは、不登校で引きこもったり、「いじめっ子」になったりするケースです。私が聞いた中には、教員夫婦の子どもが20年以上も家に引きこもっているような事例もありました。

教育のプロである教員の家庭で、課題を抱えた子どもが育つ——一見、不思議に思えるこれらの現象も、実は「いじめが終わる方程式」に当てはめて考えれば、原因をひも解くことができます。

学校の教員は、学校という職場で、日々子ども達の指導に当たっています。受け持つ児童生徒が何か問題を起こせば、昼夜を問わず対応し、自宅に仕事を持ち帰る人も少なくありません。中には、朝から晩まで仕事漬けの上に、休日も部活動指導なんて教員もいると聞きます。そうした状況がある中で、自分の息子や娘にまで手が回らない……という教員は少なくありません。さらに言えば、自分の子どもよりもはるかに多い時間を、担任する児童生徒に費やしているようなケースもあります。

そうした日々の中で、自身の息子や娘に手をかけられていないことに、引け目に感じている教員は少なくありません。一方、教員の息子や娘の中にも「自分は愛されていないんだ」と思う子がいます。そうして親の罪悪感と子どもの欠乏感が増幅していった結果として、子どもの不登校や引きこもり、いじめなどの現象が起きるケースが多いのです。

これとは別に、「我が子に、やりたいことを自由にさせてあげたい」「ありのままに見守ってあげたい」と考える教員や保護者もいます。それ自体は素晴らしいことなのですが、「旧式思考」による欠乏感から、そうした教育を「理想」と捉えて我が子を見守ろうとすれば、子どもにプレッシャーを与え、子どもが「不自由さ」の中で苦しめられてしまう可能性もあります。「我が子に、やりたいことを自由にさせてあげたい」と考えるのは、自分自身が幼少期に、無意識に「不自由さ」を感じて生きてきた人の欠乏感や不足感にほかならず、代々に渡る教員一家によくある思考パターンの一つです。

自由に生きている人は、「自由そのもの」なので「自由にさせてあげたい」などと感じることはありません。驚くかもしれませんが、このように「自由」を理想とした家庭で育った人にカウンセリングをすると、「自分は何をしに生まれてきたのか分からない」と、外側にやりがいを求め、今を生きていない人が多いのです。

そして、両親の社会的地位が高ければ高いほど、子どもは「自分はだめな人間だ」と思ってしまいがちです。親の言葉を聞く中で、知らず知らずに高いハードルを自らに設け、「無意識の親の期待」に応えられない自分に苦しむのです。

先日、元農林水産省官僚の男性が、長く自宅に引きこもっていた長男を刺し殺す事件が発生しました。事の発端は、近所で開催されていた小学校の運動会に向かって、長男が「うるせーな！　ぶっ殺すぞ」と言い放ったことだそうです。その数日前、引きこもりの男が、バス待ちの小学生を次々と殺傷する事件が起きていたことから、男性は「このままでは自分の息子が犯罪者になってしまう」と考え、犯行に及んだと言います。

とても悲しい事件ですが、エリート官僚だった父親と自らを比べ、長男が強い劣等感や理不尽さを抱えていたであろうことは容易に想像がつきます。この事件はやや極端な例かもしれませんが、学校教員の家庭の親子関係にも同じような構図があると考えられます。

**コラム**

### エリート一家の悲しき事件

元農林水産省官僚の事件に類似する事件は、これまでも数多く起きています。これらの事件は、子どもの劣等感だけが原因として考えられるわけではありません。地位や名誉のある仕事人間の父親を持つ男の子によく見受けられるケースで、父親に対し「仕事ばかりして母親を悲しませた悪い父親」という思い込みを持ってしまい、その結果「母親をいじめた父親を痛めつけてしまいたい」という「正義感」が浮上し、父親との間で起こしてしまうケースもありがちなパターンの一つです。

さらには父親が、息子の問題を地位や名誉を使って封印しようとして事態を悪化させ、前述のようなトラブルが起きてしまうケースも少なくありません。息子の父親への抑圧した攻撃性は、重度の引きこもりやギャンブル依存症など、さまざまな問題行動として浮上してくることもあります。

「正義感」と聞くとカッコ良く聞こえるかもしれませんが、それは「旧式思考」から見たものであって、決して好ましいものではありません。「正義感」は「理不尽なことへの怒り」が生み出すものなので、それが強力に浮上してくると、「理不尽な現象」が起きてしまうのです。

このような例は、表面的には子どもの父親に対する復讐心に見えますが、深く掘り下げると母親（妻）の父親（夫）への復讐心、家族や自分を愛してくれなかったことへの無意識の憎しみが根幹にあることがほとんどです。それが、我が子へと受け継がれてしまった結果としてひも解くことができます。この点は、PART2の『「思考パターン」は、何世代にもわたって連鎖する』に記載した通りで、いわゆる男女間の愛のトラブルなのです。

PART 5

# 「いじめが終わる方程式」を実践した先生達

私が「いじめが終わる方程式」を編み出し、普及活動を始めてから 10 年ほどが経ちます。すでに多くの先生がこの方程式を実践し、その中には顕著な成果を上げている事例もあります。このPARTでは、そうした先生方の体験談を幾つか紹介していきます。

## CASE1　生徒との関係性が劇的に変わった――石川友里恵先生

私が「いじめが終わる方程式」の講演を始めて数年が経った頃、ホームページを経由して一通のメールが届きました。

> 突然のメールにて失礼をいたします。私は今から4年前、品田さんの講演を聞き「いじめが終わる方程式」に大変感銘を受けた者です。当時、私は精神的に追い込まれた状態で、教師生活を送っていました。でも、「いじめが終わる方程式」と出会い、自ら実践してみたことで、教室に劇的な変化が起きました。現在は、以前では考えられないほど、教師として豊かな時間を過ごさせていただいています。（後略）

メッセージの送り主は、石川友里恵先生（仮名）。沖縄県に住む40代前半の高校の先生でした。私は4年前に沖縄で実施した講演会を思い出し、そこでまいた種が花を咲かせていることに、感慨深い思いがしました。

私の講演を聞いた当時、石川先生は教師生活19年目。キャリア的にも、学校でいろいろな役割を任される年代でした。しかし、周囲の期待とは裏腹に、生徒と良好な関係性が作れないことに苦悩する日々が続いていました。

「何が一番つらかったかといえば、朝のショートホームルームです。連絡事項が少ないとき、余った時間をどう生徒と過ごせばよいかで悩んでいました。というのも、ちょっとした会話もできないほど、私と生徒達は緊張関係にあったのです。決められたことを話すときでさえ、それが大事な内容であればあるほど力が入り、緊張して伝わらないという状況に何度も直面しました。高校生が好きで教師になったはずなのに、生徒の前で緊張してしまい、自分らしく振る舞えないことに悩んでいました。」

石川先生は、当時をそう振り返ります。苦悩する日々が続く中、次第に体調不良に悩まされるようになり、月曜日になると腹痛を起こすようにもなりました。

そんな石川先生に追い打ちをかけたのが、教員免許更新講習で聞かされた、ある講師の言葉でした。

「いじめ防止対策推進法に関する講義でしたが、その講師はこう言いました。『皆さんがこれまでの経験や良識で教育活動を行っても、裁判で訴えられることがあります。それはこの法律に則っていじめに対処しなかったときです』と。」

この言葉に、石川先生は得体のしれない不安と憤りを感じたと言います。

学校の先生は、校内で発生するさまざまな問題に、自らの経験や知見をフル活用しながら、対応に当たっています。そんな経験や良識を否定されて「法律に則って対処しなさい」と言われれば、どんな先生だって気分が良くないに違いありません。

どうしたらこの仕事を辞められるだろう――石川先生は次第に、そんな思いを抱くようになりました。しかし、ご主人に切り出すことができず、悶々とした日々が続きました。

そんなある日、小学生の娘さんが1枚のチラシを学校から持って帰ってきました。そのチラシが、石川先生の「いじめが終わる方程式」との出会いとなりました。

石川先生自身、いじめ問題に関心がなかったわけではありません。ただ、チラシを見て講演会に参加しようと思ったのは、私の波乱万丈なプロフィールに興味を持ったからだと言います。後にその話をご本人から聞いて、私は自分の体験が人に影響を与え、意識を進化させる上での道しるべとなれていることを嬉しく思いました。

講演会に参加した石川先生は、その感想を次のように話します。

「話を聞いて『なんだ、そんな仕組みがあったんだ。自分が理解すればいいんだ』と思い、肩の力が抜けたような感じで家に帰ったのをよく覚えています。すると不思議なことに、翌日から教室に変化が起きました。**私の近くに、わけもなく生徒が集まり始めて、他愛の**

ないことを話し始めたんです。こんなこと、このクラスでは初めてでした。そして、日を追うごとに私の緊張も解けていきました。」

ほどなく、石川先生の所には、悩みを打ち明ける生徒が集まって来るようになり、放課後には時間を忘れて生徒とおしゃべりをするようになりました。先生と生徒間の関係性が変わったことで、クラス全体の雰囲気が変わり、たとえ生徒同士の揉め事が起きても、落ち着いて対応できるようになったとのことです。「一つの講演会を聞いただけで、こんなに状況が変わるなんて……」石川先生は、あり得ないほどの変化に驚き、「いじめが終わる方程式」をさらに深く学ぼうと思ったそうです。

石川先生は現在、別の学校に勤務されていますが、自らが得た知見を新しいクラスでも活かし、学校で起こるさまざまな出来事にも、以前とは全く違う意識で受け止めることができているそうです。また、私とも頻繁に連絡を取り合い、「しくじり先生　品田奈美」と題した講演会を現地で主催くださっています。彼女自身が、檀上で自身の経験を語ることもあり、「自分と同じような体験をしている他の教師に、勇気を与えていきたい」と石川先生は言います。

また、ご自身は同じ志を持つドクター達と共に「啐啄《そったく》の機」という任意団体を立ち上げ、新しい生き方のきっかけづくりを支援する活動を展開されています。私と、同じ志を持つ仲間が共にまいた種が遠く離れた沖縄の地で花を咲かせ、多くの人達に希望を与えていることはとても嬉しいことです。

## ●CASE2　自殺した生徒への思いを胸に——庄司正巳さん

私が庄司正巳さん（仮名）と出会ったのは、今から8年ほど前になります。当時、50代後半だった庄司さんは、元学校教員。30年近く大阪の公立学校に勤めた後、50代前半で早期退職をして故郷・福井に戻り、鍼灸師の仕事をやっておられました。お会いしたのは講演会の場でしたが、参加のきっかけは、私の体験談を読んだ庄司さんの奥さんが、「この話、すごい」と庄司さんに何気なく言った一言だったそうです。

庄司さんが30年近くにも及ぶ教員生活に終止符を打ち、故郷へ戻ってきたのは、高齢の父親を介護するためでした。大阪での多忙な教師生活が終わり、豊かな自然の中でゆったりと暮らす日々。さぞかし、ほっとしたであろうと思いましたが、庄司さんには退職後もずっと、心にひっかかり続けていたことがありました。

「実は、いじめを受けていた女子生徒の一人が、卒業後に自ら命を絶ったのです。その子が20歳の時でした。」

それは、庄司さんが教師を辞める数年前の出来事だったそうです。あの時、どうにかすることはできなかったのか……。庄司さんは自問自答を繰り返し、自責の念にかられる毎日が続きました。その苦しみは、退職した後も変わりませんでした。

若い頃から正義感の強い「熱血教師」だった庄司さんは、いじめに対しては「絶対に許さない」との決意で持って、人一倍熱心に取り組んできました。学校全体に「いじめをする者は許さない」と伝え、いじめの噂があるとすぐに周囲の生徒に聞き取り調査を行い、事実関係を突き止めようとしました。しらを切る生徒には怒鳴り声を上げ、机を蹴り上げたこともあったそうです。学年集会を開き、いじめられる側のつらい気持ちを理解するよう、生徒達に訴えたこともありました。

そんな形で庄司さんは一つ一つの事案に真剣に取り組み、生徒の心に寄り添いながら、いじめに対処していきました。そうした努力の結果、目に見えるいじめは少なくなっていったと言います。

そんな折、庄司さんの耳に入ってきたのは、前述した卒業生の死でした。あれだけ丁寧にフォローをして、いじめの問題は解消して、元気に過ごしているだろうと思っていたのに……。庄司さんは、自分がやってきたことが、全く彼女の力になっていなかったという現実を知ることになり、大きなショックを受けました。庄司先生が教職を辞し、故郷へ戻ったのはそれから数年後のことです。

「いじめが終わる方程式」の講演会に来て私の話を聞いた庄司先生は、当時の感想を次のように話します。

「あの時、もしこの方程式を子ども達に伝えられていたら、もしかしたら、あんなにつらい目に遭わせなくて済んだかもしれません。そして、私のように、子どもを救えなかったことで苦しむ教師も減るのかもしれないと思いました。」

それ以降、庄司さんは故郷・福井県で、「いじめが終わる方程式」を広げる運動をスタートしました。一方で、鍼灸師としても「いじめが終わる方程式」の理論を患者の治療に適用し、多くの病気を治癒するなど著しい成果を上げているとのことです。

「この理論が広がれば、世界中を平和にできる。教育現場に導入すれば、いじめが解消するだけでなく、学校教育全体が再生されていくと思います。そんな日が1日も早く来ることを祈っています。」

いじめを誰よりも憎み、教師として撲滅に向けて取り組んできた庄司さんの言葉からも、対症療法ではいじめを解決できないことがお分かりいただけると思います。

## ●CASE3　パワハラの正体を理解した瞬間――宮本竜介先生

私は学校向けの講演会の他に、「新感覚！　子育て塾」という講座を開催しています。子育てに悩む母親に、イライラや不安が生まれるメカニズムを知ってもらい、そこから脱出してもらうことを目的とした講座で、年に5回ほど開催しています。

ある日、この講座にポツンと一人、30代の男性が来られました。「新感覚！　子育て塾」の参加者は大半が女性なため、私は少し驚きましたが、時代が時代ですから、男性が来てもおかしくありません。もちろん大歓迎なので、私から少し声を掛けると、なんとお子さんがいないどころか、独身だと言います。

宮本竜介先生（仮名）とおっしゃるその方は、都内の私立中高一貫校に勤務する英語科の先生。病気休職中で、精神科にも通い、カウンセリング治療を受けてはいたものの、まだたくさんの悩みを抱えている状況でした。そんな折、知人のMさんから「一度、この塾に行ってみたら？」と紹介され、足を運んだとのことです。

「新感覚！　子育て塾」は、子育てをする母親向けの講座ではありますが、そこでお伝えする原理・メカニズム自体は「いじめが終わる方程式」をベースにしています。Mさんは、そのことを知っていた上で、宮本先生に声を掛けたのでしょう。宮本先生は、とても熱心に私の話を聞き、少しでも何かを持ち帰ろうとしていました。

1回目の講座の後、私は宮本先生にカウンセリングをしました。宮本先生は大学院の卒業で、英会話はペラペラ。その能力を活かして、海外語学研修の引率や留学生受け入れの経験も多く積まれたそうです。見るからに真面目で正義感が強く、生徒や保護者からも慕われていそうです。そんな宮本先生が心を病んでしまった原因は、職場の人間関係にありました。**管理職や先輩からのパワハラによって、ストレスで声が出なくなる「心因性発声障害」に陥り、休職を余儀なくされたそうです。**

「教師として、生徒や保護者から相談されれば、対応しないわけにはいきません。できる限り親身に対応しようと最善を尽くします。嬉しいことに、生徒や保護者からは感謝の声をたくさんいただいてきました。しかし、その様子を見た先輩からは、『指導力がない』『生徒と慣れ合っている』と否定され続け、どうすればいいのかと困惑しました。また、生徒の成績が悪ければ、責任を押し付けられ、罵倒されたこともありました。現場のことを第一に考えてほしい校長先生の頭の中は、自分の立場を守ることばかり……。教師間でトラブルがあっても一切守ってもらえず、毎日が本当につらかったですね」と、宮本先生は当時の状況を説明します。その一方で、宮本先生が自負していた丁寧な対応にも限界があり、次第に仕事自体も回らなくなっていきました。そうしているうちに、心身のバランスを崩してしまったとのことです。

そんな宮本先生ですが、私の講座に2回ほど参加し、カウンセリングを通じて、このつらい現状を自分がどのように作り上げてしまったのか、メカニズムを理解しました。すると驚くことに、彼の思いを一切理解しようとしてこなかった学校側の態度が、ガラリと変わったというのです。宮本先生も、この変化には驚かれたそうです。

私のカウンセリングを受ける中で、宮本先生は一つのことに気付いたと言います。

「私のところに、次から次へと生徒や保護者が相談に来るのは、私自身に原因があったのです。**私は、誰かの話を聞いてあげることで、自らの存在価値を見出していました**。つまり、**私自身の自己満足が、悩んでいる人を知らず知らずのうちに引き寄せていたのです**。私自身がそのことに気付いたことで、生徒や保護者とのより良い接し方が見つかり、私に耳を貸さなかった先輩や管理職も、話を聞いてくれるようになりました。」

3回目の講座で、宮本先生はさらに素晴らしい気付きを得ます。私が講座の中でエゴの構造を解説したところ、こんな感想を返してきました。

「えっ⁉　それじゃあ、自分だと思って生きてきた自分って、どっちに転んでも自分ではないってことなんですか⁉」

私が最も伝えたかったことを自らの力で理解し、「エゴによる存在奴隷化現象」の本質を捉えてくださったのです。

以前は、学校の組織体制の問題点にしか目が向いてなかった宮本先生ですが、そこからというもの、本質の理解が急速に深まり、学校側に対する怒りの感情も薄れていきました。問題の根幹には、両親を通して刷り込まれた自身の思考パターンがあること、「エゴトリックワールド」の中で自分の中に潜在的な被害者意識が形成されていたことに気付いたからです。さらに宮本先生は、自身の母親の生い立ちに思いを巡らせ、母親が背負ってきた悲しみや頑なに相手を許さない特性が、今の自分につながっているのかもしれないと考えました。そうしているうちに、どうしても消えなかった自身の恋愛の傷も、共依存に陥っていた自身のパターンであったことに気付き、そうしたトラウマからも解放されていきました。そんな宮本先生の姿は、共に受講している子育てママ達にも多大な影響を与えています。

なぜ、これほどまで劇的に、宮本先生は変わることができたのでしょうか。それは、彼自身が崖っぷちまで追い込まれ、生きる道を懸命に模索していたからだと思います。「いじめが終わる方程式」は、そうした「限界点」にいる人ほど、すんなりと受け取れる傾向があるようです。

## CASE4 子どもに映し出されていたものとは――瀧田敦子先生

瀧田敦子先生（仮名）との出会いは、2年ほど前の「いじめが終わる方程式」の一般講演会でした。瀧田先生は、学校の保健室で養護教諭として勤務しているベテラン教諭です。私の講演を聞いて、「これを自分に当てはめるにはどうしたらいいのですか？」と相談に来られたことから、カウンセリングをすることになりました。

瀧田先生は、見るからに熱心で使命感に満ち、子どもが大好きな先生といった様子。しかし、「旧式思考」による「プラス思考」が全身からみなぎっていて、「自分は子どものありのままを受け止め、誰よりも丁寧に対応してきた。そのことで、子どもは良い方向に変化してきた」との自負もお持ちのようでした。

そんな瀧田先生の悩みは、長年保健室登校を続けるとある男子児童のこと。その児童が学校に来ない日、瀧田先生は児童宅へ足を運び、学校の様子を伝えたり、話を聞いたりと、手厚く対応することもありました。

男子児童が不登校になっている原因について、瀧田先生は「男子児童とその母親の関係性に問題がある」と考えていました。しかし、話を聞く中で私は、先生と男子児童が「共依存」の関係にあるのではないかと、その状況を読み解きました。

そこで私は、瀧田先生自身のことについて、いろいろと話を伺っていきました。すると、そこに広がる「エゴのトリックワールド」の世界が見えてきたのです。

瀧田先生には、2人の子どもがいました。そのうち、息子さんの方は少し大人びたタイプで、瀧田先生が関わろうとすればするほど、煙たがられたそうです。当時を振り返り、「もっと愛情を注ぎたかった」と瀧田先生は言います。当時、自身も仕事で忙しくしていた瀧田先生は、息子さんをきちんと見てあげられなかったと言います。

そんな「エゴのトリックワールド」に陥っているとは知らず、瀧田先生が不登校の男子児童に愛情を注ぎ続けたのは、そうした欠乏感や罪悪感を埋めるためだったわけです。

私のカウンセリングを通じ、瀧田先生はそうした無意識の思考のパターンを理解しました。そして、その数日後、その男子児童がクラスに行き始めたとの報告が届きました。

似たような報告は、保健室の養護教諭からだけではなく、支援員や相談員からもよく入ります。「ずっと保健室登校をしていたあの子は、私を映し出す鏡だったのか……」そんな驚きを示す人は少なくありません。「子どもの問題」と思っていたことが、実は「大人（私）の問題」であることは、珍しくないのです。

＊　＊　＊

このＰＡＲＴで紹介した4つのエピソードは、「いじめが終わる方程式」によって問題が解決した事例の一部に過ぎません。私はこれまで、１００を超える学校や教育委員会、民間組織などを対象に、講演をしてきました。カウンセリングをした人の数も、１０００人を上回り、そこでまいた種は、至る所で実を結び始めています。本書では、いずれも学校教員の事例を紹介しましたが、保護者や一般の方々からも、多くの嬉しい報告が私達のホームページに寄せられています。

しかし、こうした話をすると、中には「私の鏡が子どもだということなら、大人の私が原因のか……」と自分を責める方もいます。勘違いしていただきたくないのですが、決して「大人が悪い」と伝えたいわけではありません。そうした捉え方こそ「旧式思考」による弊害であり、ご理解いただきたいのは「原因と結果は同じである」という事実なのです。ここで紹介した先生方がそうであったように、どうか軽い感覚で受け取っていただきたいと思います。

提案させていただくならば、こんな感覚で生きてみてはいかがでしょうか。「私達の人生は、『本当の自分自身に出逢っていく旅』をしているようなもの」と捉えてみるのです。

自分を知れることに胸を弾ませ、ワクワクしながら他者との交わりを楽しんでいくのです。

教師の視点でいえば、奇跡の存在として生まれてきた私達が、同じく奇跡の存在である生徒やその保護者と出会えたこと自体、どれだけの奇跡なのかということです。この捉え方をベースに生きることができたら、どれだけ人生を味わい、楽しむことができるでしょうか。「そんなことは、理想にすぎない。現場はそんな簡単な世界ではないんだ」という声が聞こえてきそうですが、自分が奇跡だと思えば、奇跡の世界が広がるだけのことです。

かのアインシュタインは、こんな言葉を遺しています。

「人生には、二つの道しかない。一つは、奇跡など全く存在しないかのように生きること。もう一つは、全てが奇跡であるかのように生きることだ。」

私は、後者でありたいと願う一人です。

いじめに悩む子どもや大人は、世の中に数えきれないほどいます。最悪の場合、心を病んでしまったり、自殺に追い込まれてしまったりする人もいます。奇跡のような確率で生まれてきた尊い命、本当に悔しい話です。

このPARTで紹介したエピソードのように、「いじめが終わる方程式」を知ることで、一人でも多くの命が救われ、人々に幸せが訪れることを祈っております。

# おわりに

私が夫と再会し、3度目の結婚をしてから、ちょうど8年が経ちました。本書において、いじめのメカニズムをご理解いただくために、一部ではありますが、私たち家族の負の体験も包み隠さず書かせていただきました。講演活動を始めた頃は実績もないため、「虐待当事者の話など聞きたくない。帰れ！」などと心ない言葉を掛けられることもありました。いまだにそうした声が、全くないかといえばそうではありません。

そんな批判を耳にする度に、私は活動を辞めようかと苦しみました。教育委員会や行政からは見向きもしてもらえず、失礼な態度を取られるのが当たり前。一方で、そうした大人の視線とは裏腹に、子ども達から寄せられた感想文には「人に言いたくないような話を、私たちのためにしてくれてありがとうございます」「僕も品田さんみたいに、自分のつらかった体験も含め、人のために伝えていける勇気のある人間になりたいです」などと書かれていました。そんな子ども達の健気な声と、私を応援くださる方々に救われて、今の私があります。

今では、全国各地のあらゆる団体や学校からも呼んでいただけるようになりました。そして、「この話は、学校の道徳科の授業に取り入れる必要がある」「この話を1日も早く、子ども達に伝えてほしい」などの声が講演会参加者の方々から数多く寄せられ、本書が出版されるに至りました。

お陰様で私たち家族は、全てを再生することができました。本書に登場する長女は今、高校3年生。来春から短大生です。発達障害と診断されていた頃の姿は微塵もなく、毎日を本当に大満喫しています。心配をかけたであろう長男も大学生ライフをエンジョイし、親の私が感心してしまうほど明朗快活な日々を過ごしています。4人の子ども達はそれぞれ、個性溢れた幸せな人生を歩んでくれています。

そして夫は、これまで培ってきた専門知識を活かして起業し、充実した毎日を送っています。以前のような暴力性は1ミリもなく、どこから見ても素敵な夫、素敵な父親です。

本書では、私が父親から虐待を受けていたと書きましたが、その父も今は別人です。実は父自身も子どもの頃、自分の父親に対し強い恐怖心を抱いていたのです。そんな父も方程式を理解し、幼少期の傷と向き合い、ようやくその恐怖を乗り越えることができたのです。

そして何より、私たち家族が再生できたのは、人生かけて献身的に私たちを見守り続けてくれた母がいてくれたからです。今にも消えそうな私の命の燈火を、どんな時でも信じて待ち続けてくれた母の強さは、今の私の強さとなっていることと思います。

我が子に起こる問題は、決して一代限りのものではありません。背景にある代々の苦悩をしっかりと見つめ直し、今の自分を掘り下げていく必要があります。しかし、やることは、ただ一つ！「相手を通して、自分を知ること」だけです。「汝自身を知れ」です。

自分の感性を使って、相手を通して自分がはまり込んでいるエゴを解体していくこと。これこそが今、私たちに最も必要な人間教育です。本当の人間力を1日も早く取り戻し、誰もが本当の自分自身と出会い、至福で満ちあふれた人生を歩んでいけるようになることが私の願いです。

本書の執筆にあたって、元東京都立高校校長で、現在は教育センター勤務の柳久美子先生からは、多岐にわたりアドバイスをいただきました。幾度となく推敲を重ね、柳先生に見守っていただいたことは、私にとって大いなる励みとなりました。

また、本書の発行元である学事出版株式会社の花岡萬之副社長には、本書の刊行に多大な尽力を賜りました。今後も末永く元気でご活躍いただきたいと思います。

お二人には、この場をお借りして感謝申し上げます。

２０１９年12月

品田　奈美

【著者プロフィール】

**品田奈美**（しなだ・なみ）

**教育コンサルタント／いじめ対策授業講師（4人の子どもの母）**

いじめ、虐待、体罰、DV、離婚、貧困、性的暴行、依存症と社会問題の総合商社のような波乱万丈人生。そんな絶望の中、「関係学」「認識論」「意識の仕組み」等の学びを通して、自らの人生だけにとどまらず、家族の全ての問題を終わらせる。自身の体験を通して、同じ苦しみを抱えているママ達を応援したいと、2009年より子育て支援活動を始動。現在は、自らがいじめを超えたメソッドを「いじめが終わる方程式」の授業として考案し、全国各地の学校・教育委員会等に招かれ、「道徳授業」「心・命の授業」、保護者向け「親と子の関係性の仕組み」等の講演を展開。その他に「しくじり先生 品田奈美」講演をはじめ、虐待・DV・パワハラなど、あらゆる社会問題に切り込む講演、教師・保育士・相談員・行政職員等の専門職員への研修なども多数担当。「新しい認識方式」の普及を目指して、全国各地を精力的に飛び回っている。

（講演依頼やお問合わせ）
品田奈美公式ページ　https://www.iku-iku.jp/
未来の子ども達プロジェクト
https://ijimegaowaru-houteishiki.com/

# 子どもを救ういじめが終わる方程式

2020年1月15日　初版第1刷発行
2021年4月30日　初版第2刷発行

著　者――品田　奈美

発行者――花岡　萬之

発行所――学事出版株式会社
〒101-0021　東京都千代田区外神田2-2-3
電話03-3255-5471
http://www.gakuji.co.jp

編集担当　花岡　萬之
制作協力　株式会社コンテクスト
印刷・製本　精文堂印刷株式会社


ISBN978-4-7619-2585-7　C3037